한자능력
검정시험

8급

권하는 글

우리 겨레는 아득한 옛날부터 우리말을 쓰면서 살아 왔다. 아마 처음에는 요사이 우리가 쓰고 있는 아버지, 어머니, 위, 아래, 하나, 둘, 바위, 돌, 물, 불 같은 기초어휘가 먼저 쓰였을 것이다.

그러다가 약 2천년 전부터, 당시로는 우리 겨레보다 文化水準(문화수준)이 높았던 이웃 나라의 中國(중국)사람들과 접촉하면서 그들의 글자와 글인 漢字와 漢文을 받아들이게 되고 漢字로 이루어진 어휘도 많이 빌려 쓰게 되었다. 이리하여 우리 겨레는 우리의 고유어와 함께, 父(부)·母(모), 上(상)·下(하), 一(일)·二(이), 岩(암)·石(석)과 같은 漢字語를 쓰게 되었으며, 본래 우리말의 기초어휘에 없던 추상적인 말, 예를 들면 希望(희망), 進步(진보), 勇氣(용기), 特別(특별)과 같은 어휘와, 사회제도 및 정부 기구를 나타내는 科擧(과거), 試驗(시험), 判書(판서), 捕校(포교) 등도 함께 써 오게 되었다.

이러한 현상은 오늘날에도 마찬가지여서, 새로운 文物制度(문물제도)가 생기고 學問(학문)이 발달하면, 자연스러이 漢字로 새 단어를 만들어 쓰는 일이 많다. 治安監(치안감), 元士(원사), 修能試驗(수능시험), 面接考査(면접고사), 高速電鐵(고속전철), 宇宙探索(우주탐색), 公認仲介士(공인중개사) 등 예를 이루 다 들 수가 없다.

따라서 우리는 이미 우리말 안에 녹아들어 있는 漢字語를 정확하게 이해하여, 순수한 우리의 고유어와 함께 우리말을 더욱 올바르게 사용하기 위하여 漢字를 공부하여야 한다.

韓國語文敎育硏究會에서는 우리 국민의 漢字에 대한 이해를 촉진시키고 국어 생활의 수준을 향상시키고자 여러 한자 학습 교재를 편찬해 왔다. 또 한편으로는 韓國漢字能力檢定會에서 시행하고 있는 全國漢字能力檢定試驗에도 對備(대비)할 수 있도록 級數(급수)別로 漢字를 배정하고, 漢字마다 표준이 된 訓과 音, 그리고 長短音(장단음)을 표시하였으며, 누구나 알아야 될 類義語(유의어), 反意語(반의어), 故事成語(고사성어), 漢字의 部首(부수), 널리 쓰이고 있는 略字(약자) 등도 자세히 제시해 두고 있다.

우리의 漢字學習 目的(목적)은 어디까지나 국어 안의 한자어를 제대로 알고자 하는 데 있으나, 이러한 한자학습을 통하여 우리의 文化遺産(문화유산)인 漢文(한문) 典籍(전적)을 읽어 내고, 漢語(한어)를 배우는 데도 도움이 될 수 있을 것이라고 믿는다.

2004年 2月 15日

韓國語文敎育硏究會 會長 姜 信 沆

머리말

國語(국어) 어휘의 70% 정도를 차지하고 있는 것이 漢字語(한자어)입니다. 30여년 간의 한글 專用(전용) 교육은 국민의 國語 能力(능력)을 低下(저하)시킴으로써 상호간 意思疏通(의사소통)을 모호하게 하고, 學習(학습) 能力(능력)을 減少(감소)시켰을 뿐만 아니라, 傳統(전통)과의 단절, 한자문화권 내에서의 孤立(고립)이라는 결과를 빚어냈습니다.

이미 30여년 전에 이런 한글 專用 교육의 盲點(맹점)을 파악하고 漢字 교육을 통한 國語 교육 正常化(정상화)를 기치로 내세워 발족한 韓國語文敎育硏究會는 잘못된 語文(어문) 정책을 바로잡기 위한 여러 활동을 꾸준히 벌여 왔습니다. 語文 정책을 바로잡기 위한 활동의 강화 차원에서 社團法人 韓國語文會를 창립하였고, 公敎育(공교육)에서 담당하지 못하고 있는 漢字 교육을 장려하기 위하여 韓國漢字能力檢定會를 설립하였습니다.

국민의 言語 能力, 事務(사무) 能力 低下(저하)는 필연적으로 國家(국가)와 社會(사회) 양쪽에서부터 반성을 불러 일으켰습니다. 政府(정부)는 公文書(공문서)에 漢字를 倂記(병기)하자는 결정을 내렸으며, 한편으로 經濟(경제) 단체에서는 漢字 교육의 필요성을 力說(역설)하고 있습니다. 머지않아 公敎育에서도 漢字가 混用(혼용)된 교재로 정상적인 학습을 할 날이 到來(도래)할 것을 의심치 않습니다.

한글 전용 교육을 받고 자라난 世代(세대)가 이제는 社會의 중장년층이 된 바, 漢字를 모르는 데서 오는 불편을 후손에게 대물림하지 않기 위하여 漢字 교육에 관심을 보이고 있습니다. 이는 全國漢字能力檢定試驗에 응시하는 미취학 아동과 초등학생 지원자의 수가 꾸준히 증가하는 것에서 확인할 수 있습니다.

韓國語文敎育硏究會는 全國漢字能力檢定試驗 교재를 이미 10여년 전에 출간하였으나 그 내용이 지나치게 간단하였기에, 학습자들이 보다 쉽게 漢字를 익히고, 全國漢字能力檢定試驗에 대비할 수 있는 級數別(급수별) 自習書(자습서)의 보급이 필요하다고 판단하여, 이 학습서를 출간하게 된 것입니다. 이 책은 각 級數別 읽기와 쓰기 配定 漢字를 구별하여, 각각의 활용 단어를 넣었으며, 그 외 字源(자원), 訓音(훈음), 讀音(독음), 長短音(장단음), 筆順(필순), 四字成語(사자성어) 등을 갖춤으로써 종합적 漢字(한자) 학습을 가능케 하였습니다.

이 학습서가 全國漢字能力檢定試驗을 준비하는 모든 분들에게 훌륭한 길잡이가 되기를 바라마지 않습니다.

韓國語文敎育硏究會 編纂委員長   南 基 卓

알려두기

이 책의 특징은 한자능력검정시험에 필요한 모든 정보를 제공하였으며, 기출문제와, 실제 한자능력검정시험의 기출문제와 같은 유형의 실전문제를 두어 시험에 대비하도록 하였다. 이 책을 이용하는데 꼭 알아두어야 할 사항들은 다음과 같다.

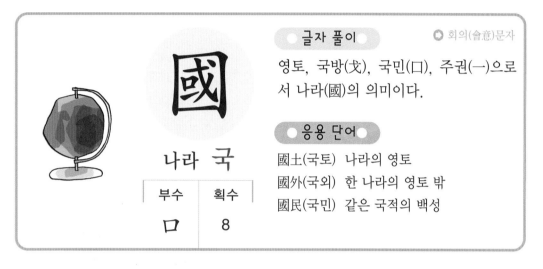

글자 풀이   ◯ 회의(會意)문자

영토, 국방(戈), 국민(口), 주권(一)으로서 나라(國)의 의미이다.

응용 단어

國土(국토) 나라의 영토
國外(국외) 한 나라의 영토 밖
國民(국민) 같은 국적의 백성

나라 국

부수	획수
口	8

① 한자의 배열은 가나다 순으로 하지 않고 주제별로 배열하여 개개의 한자뿐만 아니라 단어의 구성도 보여 학습에 편리함을 도모하였다.

② 글자풀이란을 두어 한자의 구성원리를 쉽게 이해하고 오래도록 기억할 수 있도록 하였으며, 이 때의 글자풀이는 수험자가 쉽게 이해할 수 있도록 자원풀이보다는 파자(글자를 풀어 설명하는)의 방법을 사용하였다. 더불어 육서를 제시하여 문자의 구성을 표시하였다.

③ 훈과 음은 (사단법인) 한국어문회, 한국어문교육연구회, 한국한자능력검정회가 지정한 대표 훈과 음, 장단음을 따랐다.

④ 각 한자의 부수와 획수를 밝혔으며, 이 때의 획수는 총획에서 부수의 획수를 뺀 나머지 획으로 통일하였다.

⑤ 각 배정한자에 관련된 삽화를 넣어 그 글자의 뜻을 이해하고, 연상학습이 될 수 있도록 하였다.

⑥ 응용단어는 해당급수의 배정한자로 이루어지는 단어를 만들어 그 뜻을 풀이하였고, 풍부한 단어를 제시하여 어휘력을 향상시켜 한자의 응용능력을 익힐 수 있게 하였다. 그리고 각 글자에는 두 개의 문장을 만들어 그 단어들의 쓰임을 보고, 그 한자의 독음을 읽을 수 있는지를 확인하기 위하여 확인학습을 두었다.

필순	丨 冂 冂 冃 同 同 同 國 國 國 國				
國	國				
나라 국					

⑦ 필순을 밝혀 한자를 필순에 맞게 써 봄으로써 올바른 한자를 쓸 수 있도록 하였다.

우리나라의 國(국)화는 무궁화입니다.   마을 중간에 國(국)기 게양대가 높이 있는 곳이 마을 회관입니다.

⑧ 활용문은 초등학교 국어 교과서에서 문장을 뽑아 단어들의 쓰임을 문장에서 익히도록 하였다.

⑨ 5개의 한자학습이 끝나면 확인학습란을 두어 그 배정한자를 제대로 익혔는지를 확인하게 하였다.

⑩ 10개의 한자학습이 끝나면 반복학습란을 두어 실전에 대비할 수 있도록 하였다.

⑪ 기출문제 7회분과, 실제 한자능력검정시험의 기출문제와 같은 유형의 실전문제를 2회분 두어 지금까지 학습한 내용을 점검하고 실전에 대비하게 하였다.

한자능력검정시험 응시 요강

 ## 전국한자능력검정시험 급수별 배정한자 수 및 수준

급수	읽기	쓰기	수준 및 특성
특급	5,978	3,500	국한혼용 고전을 불편 없이 읽고, 연구할 수 있는 수준 고급
특급Ⅱ	4,918	2,355	국한혼용 고전을 불편 없이 읽고, 연구할 수 있는 수준 중급
1급	3,500	2,005	국한혼용 고전을 불편 없이 읽고, 연구할 수 있는 수준 초급
2급	2,355	1,817	상용한자의 활용은 물론 인명지명용 기초한자 활용 단계
3급	1,817	1,000	고급 상용한자 활용의 중급 단계
3급Ⅱ	1,500	750	고급 상용한자 활용의 초급 단계
4급	1,000	500	중급 상용한자 활용의 고급 단계
4급Ⅱ	750	400	중급 상용한자 활용의 중급 단계
5급	500	300	중급 상용한자 활용의 초급 단계
5급Ⅱ	400	225	중급 상용한자 활용의 초급 단계
6급	300	150	기초 상용한자 활용의 고급 단계
6급Ⅱ	225	50	기초 상용한자 활용의 중급 단계
7급	150	–	기초 상용한자 활용의 초급 단계
7급Ⅱ	100	–	기초 상용한자 활용의 초급 단계
8급	50	–	한자 학습 동기 부여를 위한 급수

▶▶ 초등학생은 4급, 중·고등학생은 3급, 대학생은 1급, 전공자는 특급 취득에 목표를 두고 학습하길 권해 드립니다.

한자능력검정시험 급수별 출제유형

구분	특급	특급II	1급	2급	3급	3급II	4급	4급II	5급	5급II	6급	6급II	7급	7급II	8급
읽기 배정 한자	5,978	4,918	3,500	2,355	1,817	1,500	1,000	750	500	400	300	225	150	100	50
쓰기 배정 한자	3,500	2,355	2,005	1,817	1,000	750	500	400	300	225	150	50	0	0	0
독음	45	45	50	45	45	45	32	35	35	35	33	32	32	32	24
훈음	27	27	32	27	27	27	22	22	23	23	22	29	30	30	24
장단음	10	10	10	5	5	5	3	0	0	0	0	0	0	0	0
반의어	10	10	10	10	10	10	3	3	3	3	3	2	2	2	0
완성형	10	10	15	10	10	10	5	5	4	4	3	2	2	2	0
부수	10	10	10	5	5	5	3	0	0	0	0	0	0	0	0
동의어	10	10	10	5	5	5	3	3	3	3	2	0	0	0	0
동음이의어	10	10	10	5	5	5	3	3	3	3	2	0	0	0	0
뜻풀이	5	5	10	5	5	5	3	3	3	3	2	2	2	2	0
필순	0	0	0	0	0	0	0	0	3	3	3	3	2	2	2
약자·속자	3	3	3	3	3	3	3	3	3	3	0	0	0	0	0
한자 쓰기	40	40	40	30	30	30	20	20	20	20	20	10	0	0	0
한문	20	20	0	0	0	0	0	0	0	0	0	0	0	0	0

▶▶ 상위급수 한자는 모두 하위급수 한자를 포함하고 있습니다.
▶▶ 쓰기 배정 한자는 한두 급수 아래의 읽기 배정한자이거나 그 범위 내에 있습니다.
▶▶ 출제유형표는 기본지침자료로서, 출제자의 의도에 따라 차이가 있을 수 있습니다.
▶▶ 공인급수는 교육과학기술부로부터 국가공인자격 승인을 받은 특급·특급II·1급·2급·3급·3급II이며, 교육급수는 한국한자능력검정회에서 시행하는 민간자격인 4급·4급II·5급·5급II·6급·6급II·7급·7급II·8급입니다.
▶▶ 5급II·7급II는 신설 급수로 2010년 11월 시험부터 적용됩니다.
▶▶ 6급II 읽기 배정한자는 2010년 11월 시험부터 300자에서 225자로 조정됩니다.

 ## 한자능력검정시험 합격기준

구분	특급	특급II	1급	2급	3급	3급II	4급	4급II	5급	5급II	6급	6급II	7급	7급II	8급
출제문항수	200	200	200	150	150	150	100	100	100	100	90	80	70	60	50
	(100)	(100)	(100)	(100)	(100)	(100)	(100)	(100)	(100)	(100)	(100)	(100)	(100)	(100)	(100)
합격문항수	160	160	160	105	105	105	70	70	70	70	63	56	49	42	35
	(80)	(80)	(80)	(70)	(70)	(70)	(70)	(70)	(70)	(70)	(70)	(70)	(70)	(70)	(70)

▶▶ ( )는 100점 만점으로 환산한 점수입니다.
▶▶ 특급·특급II·1급은 출제 문항수의 80% 이상, 2급 ~ 8급은 70%이상 득점하면 합격입니다.

한자능력검정시험 합격자 우대사항

■ 본 우대사항은 변경이 있을 수 있습니다. 최신 정보는 한국한자능력검정회 홈페이지를 참고하시기 바랍니다.
■ 자격기본법 제27조에 의거 국가자격 취득자와 동등한 대우 및 혜택
■ 대학 수시모집 및 특기자 전형 지원. 대입 면접시 가산점(해당 학교 및 학과)
■ 고려대, 성균관대, 충남대 등 수많은 대학에서 대학의 정한 바에 따라 학점, 졸업인증에 반영
■ 유수 고등학교에서 정한 바에 따라 입시에 가산점 등으로 반영
■ 육군 간부 승진 고과에 반영
■ 한국교육개발원 학점은행의 학점에 반영
■ 기업체 입사 및 인사고과에 반영(해당기업에 한함)

1. 대학 수시모집 및 특기자 전형 지원

대학	학 과	자격
건양대학교	중국어, 일본어	한자능력검정시험 5급이상
경북과학대학	관광영어과,관광일어과, 관광중국어과	한자능력검정시험 4급이상
경북대학교	사학과, 한문학과	한자, 한문 특기자
경상대학교	한문학과	한자능력검정시험 2급 이상(한국어문회 주관)
경성대학교	한문학과	한자능력검정시험 3급 이상(한국어문회 주최)
고려대학교	어학특기자(한문학과)	한문 특기자
공주대학교	한문교육과	국가공인 한자급수자격시험(3급이상) 취득자
국민대학교	중어중문학과	한자능력시험(한국어문회 주관) 1급 이상
군산대학교	어학특기자	중국어 : 한어수평고사(HSK) 6급 ~ 11급인 자 또는 한자능력검정 1, 2급인 자, 한자능력급수 1, 2급인 자 ※한자능력검정의 경우 한국한자능력검정회, 　대한민국한자급수검정회, 대한민국한문교육진흥회, 　한국어문회 발행만 인정.
단국대학교 (서울)	한문특기자	한국어문회 주관 한자능력검정시험 3급 이상 취득한 자
대구대학교	문학 및 한자 우수자	한자능력검정시험 3급 이내 합격자

대학	학 과	자격
동서대학교	어학, 한자, 문학, 영상	어학, 한자, 문학, 영상에서 3위 이상 입상자
동아대학교	한문특기자	한자능력검정시험(한국한자능력검정회 주최) 3급 이상 자격증 소지자
동의대학교	어학특기자	한자능력검정시험 1급 이상 또는 HSK 6급이상인자
명지대학교	어학특기자	검정회 및 한국어문회에서 주관하는 한자능력검정시험 2급 이상자
부산대학교	모집단위별 가산점 부여	한국어문회 시행 한자능력검정시험(1급 ~ 3급) 가산점 부여
상명대학교 (서울)	한문특기자	한자능력검정시험(3급 ~ 1급) (한국한자능력검정회 시행)
선문대학교	경시대회입상 전형	(국어〈백일장, 한문, 문학〉, 수학, 과학)
성결대학교	외국어 및 문학 특기자	한자능력검정고시 3급 이상 취득자
성균관대학교	한문 특기자	전국한자능력검정시험(한국어문회) – 2급 이상
연세대학교	문과대학	한문 특기자
영남대학교	어학 특기자	한자능력검정시험(한국한자능력검정회 시행) 2급 이상 자격증 소지자
원광대학교	한문교육과	최근 3년 이내 행정기관, 언론기관, 4년제 대학 등 본교가 인정하는 공신력있는 단체에서 주최한 전국규모의 한문경시대회 개인 입상자
중앙대학교	문과대학 국어국문학과	한자능력검정시험(한국어문회 주관) 3급 이상 합격자
충남대학교	어학특기자	전국한자능력검정시험 3급 이상
한성대학교	한문특기자	전국한자능력검정시험(사단법인 한국어문학회 주최) 1급 이상 취득자
호남대학교	공인 어학능력 인증서 소지자	한문자격시험(한자급수시험)

▶▶ 대입 전형과 관련된 세부사항은 변경될 수 있으므로 해당 학교 홈페이지, 또는 입학담당부서로 문의바랍니다.

2. 대입 면접 가산 · 학점 반영 · 졸업 인증

대학	내 용	비고
건양대학교	국문학부 면접시 가산점 부여	대학입시
성균관대학교	졸업인증 3품 중 국제품의 경우 3급이상 취득시 인증	졸업인증
경산대학교	전교생을 대상으로 3급이상 취득시 인증	졸업인증
서원대학교	국문과를 대상으로 3급이상 취득시 인증	졸업인증
제주한라대학	중국어통역과를 대상으로 3급이상 취득시 인증	졸업인증
신라대학교	인문/자연/사범/예체능계열을 대상으로 4급이상 취득시 인증	졸업인증
경원전문대학	전교생 대상, 취득시 학점반영	학점반영
덕성여자대학교	전교생 대상, 취득시 학점반영	학점반영
한세대학교	전교생 대상, 취득시 학점반영(한문 교양 필수)	학점반영

▶▶ 변경될 수 있으므로 해당학교(학과)의 안내를 참조바랍니다.

3. 기업체 입사 · 승진 · 인사고과 반영

구분	내 용	비고
육군	부사관 5급 이상 / 위관장교 4급 이상 / 영관장교 3급 이상	인사고과
조선일보	기자채용 시 3급 이상 우대	입사

▶▶ 변경될 수 있으므로 해당기관의 안내를 참조바랍니다.

 ## 한자능력검정시험 시험시간

구분	특급	특급II	1급	2급	3급	3급II	4급	4급II	5급	5급II	6급	6급II	7급	7급II	8급
시험시간	100분	90분	60분						50분						

▶▶ 응시 후 시험 시간동안 퇴실 가능 시간의 제한은 없습니다.
▶▶ 시험 시작 20분 전(교육급수 - 10:40 / 공인급수 - 14:40)까지 고사실에 입실하여 주시기 바랍니다.

 ## 한자능력검정시험 검정료

구분	특급	특급II	1급	2급	3급	3급II	4급	4급II	5급	5급II	6급	6급II	7급	7급II	8급
검정료	50,000원		30,000원						25,000원						

▶▶ 창구접수 검정료는 원서 접수일부터, 마감시까지 해당 접수처 창구에서 받습니다.

한자능력검정시험 접수방법

⊙ 창구접수(모든 급수, 해당 접수처)

응시 급수 선택	검정시험 급수 배정을 참고하여, 응시자에게 알맞은 급수를 선택합니다.
원서 작성 준비물 확인	반명함판사진(3×4cm) 3매/급수증 수령주소/주민번호/이름(한자) 응시료(현금)
원서 작성 · 접수	정해진 양식의 원서를 작성하여 접수창구에 응시료와 함께 제출합니다.
수험표 확인	수험표를 돌려받으신 후 수험번호, 수험일시, 응시 고사장을 확인하세요.

※인터넷 접수 가능 : 접수 방법은 바뀔 수 있으므로 한국어문회 홈페이지(www.hanja.re.kr)를 참고하시기 바랍니다.

 ## 한자능력검정시험 시상기준

급수	문항 수	합격문항	우량상			우수상		
			초등이하	중등	고등	초등이하	중등	고등
특급	200	160	–	–	–	160	160	160
특급 II	200	160	–	–	–	160	160	160
1급	200	160	–	–	–	160	160	160
2급	150	105	–	105	112	105	112	120
3급	150	105	–	105	112	105	112	120
3급 II	150	105	112	120	127	120	127	135
4급	100	70	75	80	85	80	85	90
4급 II	100	70	75	80	85	80	85	90
5급	100	70	85	85	–	90	90	–
5급 II	100	70	85	85	–	90	90	–
6급	90	63	76	–	–	81	–	–
6급 II	80	56	68	–	–	72	–	–
7급	70	49	59	–	–	63	–	–
7급 II	60	42	51	–	–	54	–	–
8급	50	35	42	–	–	45	–	–

▶▶ 시상기준표의 숫자는 "문항 수" 입니다.
▶▶ 대학생과 일반인은 시상대상에 해당되지 않습니다.

CONTENTS

한자의 기초

육 서

한자를 만드는 여섯 가지 원리를 일컬어 육서라고 한다. 육서에는 한자를 만드는 원리를 해설하는 상형, 지사, 회의, 형성과 기존의 한자를 사용하여 문자의 원리를 해설한 전주, 가차의 방법이 있다.

▶ 상형문자(象形文字 – 그림글자)

한자를 만드는 가장 기본적인 원리로 구체적인 사물의 모양을 본뜬 글자

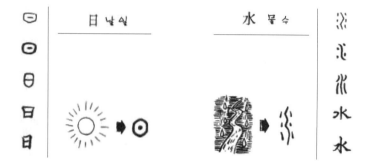

▶ 지사문자(指事文字 – 약속글자)

구체적인 모양을 나타낼 수 없는 사상이나 개념을 선이나 점으로 나타내어 글자를 만드는 원리

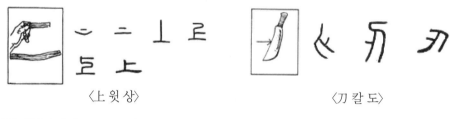

〈上 윗 상〉　　　　　　〈刀 칼 도〉

▶ 회의문자(會意文字 – 뜻 모음 글자)

두 개 이상의 글자가 뜻으로 결합하여 새로운 글자를 만드는 원리

* 明(밝을 명) = 日(날 일) + 月(달 월)
* 林(수풀 림) = 木(나무 목) + 木(나무 목)

▶ 형성문자(形聲文字 - 합체글자)

뜻을 나타내는 부분과 음을 나타내는 부분을 결합하여 새로운 글자를 만드는 원리

* 問(물을 문) = 門(문 문) + 口(입 구)

* 記(기록할 기) = 言(말씀 언) + 己(몸 기)

▶ 전주문자(轉注文字 - 확대글자)

이미 있는 글자의 뜻을 확대, 유추하여 새로운 뜻을 나타내는 원리

*	惡	본뜻	악할 악	예) 惡行(악행)
		새로운 뜻	미워할 오	예) 憎惡(증오)

▶ 가차문자(假借文字 - 빌린 글자)

글자의 본래 의미와는 상관없이 소리가 비슷한 글자를 빌려서 나타내는 원리

* 스페인(Spain) = 西班牙(서반아)   * 유럽(Europe) = 歐羅巴(구라파)

부수의 위치와 명칭

▶ 邊(변) : 글자의 왼쪽에 있는 부수

* 木 나무목변 : 校 (학교 교), 植 (심을 식), 樹 (나무 수)
* 氵(水) 물수변 : 江 (강 강), 海 (바다 해), 洋 (큰 바다 양)

▶ 傍(방) : 글자의 오른쪽에 있는 부수

* 阝(邑) 우부방(고을 읍 방) : 郡 (고을 군), 部 (떼 부)
* 刂(刀) 선칼도방(칼 도 방) : 利 (이할 리), 別 (다를/나눌 별)

▶ 머리 : 글자의 위에 있는 부수

* 宀 갓머리(집 면) : 室 (집 실), 安 (편안 안)
* ⺿(艸) 초두(艸頭) : 萬 (일만 만), 草 (풀 초), 藥 (약 약)

▶ 발 : 글자의 아래에 있는 부수

* 心 마음 심 발　　　　　　 : 感 (느낄 감), 意 (뜻 의), 念 (생각할 념)
* 儿 어진사람 인 발(사람 인) : 先 (먼저 선), 兄 (형 형), 光 (빛 광)

▶ 엄 : 글자의 위와 왼쪽을 싸고 있는 부수

* 广 엄호(집 엄)　　　　 : 度 (법도 도/헤아릴 탁), 序 (차례 서), 廣 (넓을 광)
* 尸 주검시엄(주검 시) : 局 (판 국), 屋 (집 옥), 展 (펼 전)

▶ 책받침 : 글자의 왼쪽과 밑을 싸고 있는 부수

* 辶(辵) 갖은책받침(쉬엄쉬엄 갈 착) : 道 (길 도), 過 (지날 과)
* 廴　　 민책받침(길게 걸을 인)　　 : 建 (세울 건)

▶ 몸(에운담) : 글자를 에워싸고 있는 부수

* 口 에운담(큰 입 구) : 國 (나라 국), 圖 (그림 도), 園 (동산 원)
* 門 문 문몸　　　　 : 間 (사이 간), 開 (열 개), 關 (관계할 관)

▶ 諸部首(제부수) : 한 글자가 그대로 부수인 것

* 車 (수레 거/차), 身 (몸 신), 立 (설 립)

필 순

▶ 위에서 아래로

例) 言 (말씀 언) :

▶ 왼쪽에서 오른쪽으로

例) 川 (내 천) : ノ 丿丨 川

▶ 가로획을 먼저

例) 用 (쓸 용) : 丿 刀 冂 月 用

▶ 가운데를 먼저

例) 小 (작을 소) : 亅 小 小

▶ 몸을 먼저

例) 同 (한 가지 동) : 丨 冂 冂 冃 同 同

▶ 글자를 꿰뚫는 획은 나중에

例) 中 (가운데 중) : 丨 冂 口 中

母 (어미 모) : 乚 𠃌 𠂈 母 母

▶ 점은 맨 나중에

例) 代 (대신할 대) : 丿 亻 伫 代 代

▶ 삐침(丿)을 파임(乀)보다 먼저

例) 父 (아비 부) : 丿 八 夯 父

8급 배정한자

(ㄱ)

教	가르칠 교:	攵(攴)	7획	70p
校	학교 교:	木	6획	69p
九	아홉 구	乙	1획	29p
國	나라 국	口	8획	77p
軍	군사 군	車	2획	80p
金	쇠 금/성 김	金	0획	51p

(ㄴ)

南	남녘 남	十	7획	36p
女	계집 녀	女	0획	58p
年	해 년	干	3획	63p

(ㄷ)

| 大 | 큰 대(:) | 大 | 0획 | 84p |
| 東 | 동녘 동 | 木 | 4획 | 34p |

(ㄹ)

| 六 | 여섯 륙 | 八 | 2획 | 26p |

(ㅁ)

萬	일만 만:	++(艸)	9획	62p
母	어미 모:	毋	1획	55p
木	나무 목	木	0획	50p
門	문 문	門	0획	86p
民	백성 민	氏	1획	79p

(ㅂ)

白	흰 백	白	0획	44p
父	아비 부	父	0획	54p
北	북녘 북/달아날 배	匕	3획	37p

(ㅅ)

四	넉 사:	口	2획	23p
山	메 산	山	0획	42p
三	석 삼	一	2획	22p
生	날 생	生	0획	65p
西	서녘 서	襾	0획	35p

先	먼저 선	儿	4획	82p
小	작을 소:	小	0획	85p
水	물 수	水	0획	49p
室	집 실	宀	6획	71p
十	열 십	十	0획	30p

(ㅇ)

五	다섯 오:	二	2획	24p
王	임금 왕	王(玉)	0획	83p
外	바깥 외:	夕	2획	72p
月	달 월	月	0획	41p
二	두 이:	二	0획	21p
人	사람 인	人	0획	78p
日	날 일	日	0획	40p
一	한 일	一	0획	20p

(ㅈ)

長	긴 장 (:)	長	0획	64p
弟	아우 제:	弓	4획	57p
中	가운데 중			3획	38p

(ㅊ)

靑	푸를 청	靑	0획	43p
寸	마디 촌:	寸	0획	66p
七	일곱 칠	一	1획	27p

(ㅌ)

| 土 | 흙 토 | 土 | 0획 | 52p |

(ㅍ)

| 八 | 여덟 팔 | 八 | 0획 | 28p |

(ㅎ)

學	배울 학	子	13획	68p
韓	한국/나라 한(:)	韋	8획	76p
兄	형 형	儿	3획	56p
火	불 화(:)	火	0획	48p

漢字

(사) 한국어문회 주관 / 한국한자능력검정회 시행

본 문 학 습

❀ 다음 한자의 음과 뜻을 익히고 써보세요.

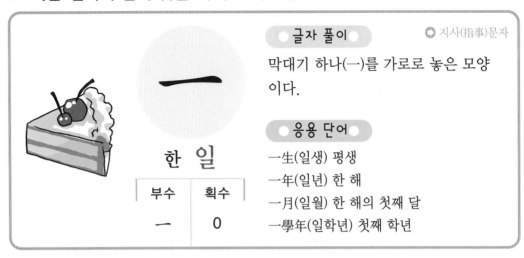

글자 풀이   ● 지사(指事)문자

막대기 하나(一)를 가로로 놓은 모양이다.

한 일

부수	획수
一	0

응용 단어

一生(일생) 평생
一年(일년) 한 해
一月(일월) 한 해의 첫째 달
一學年(일학년) 첫째 학년

필순	ㅡ					
ㅡ	ㅡ					
한 일						

❀ 다음 한자의 음을 읽어 보세요.

철수는 一學年(일학년)에 입학을 하였습니다.

할아버지는 一生(일생)동안 농사를 지으셨습니다.

첫째 달은 一月(일월)입니다.

❀ **다음 한자의 음과 뜻을 익히고 써보세요.**

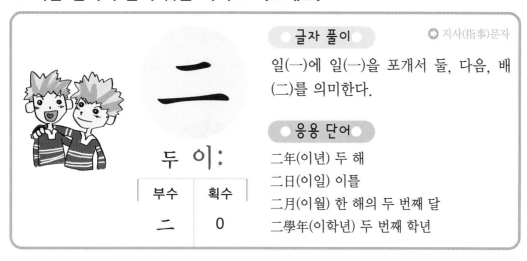

글자 풀이

○ 지사(指事)문자

일(一)에 일(一)을 포개서 둘, 다음, 배(二)를 의미한다.

응용 단어

二年(이년) 두 해
二日(이일) 이틀
二月(이월) 한 해의 두 번째 달
二學年(이학년) 두 번째 학년

두 이:

부수	획수
二	0

필순	一 二					
二	二					
두 이						

❀ **다음 한자의 음을 읽어 보세요.**

아직도 二月(이월)인데 남쪽지방에서는 벌써 매화꽃이 피었다고 합니다.

우리는 二年(이년)만 더 초등학교에 다니면 중학교에 갑니다.

둘째 달은 二月(이월)입니다.

다음 한자의 음과 뜻을 익히고 써보세요.

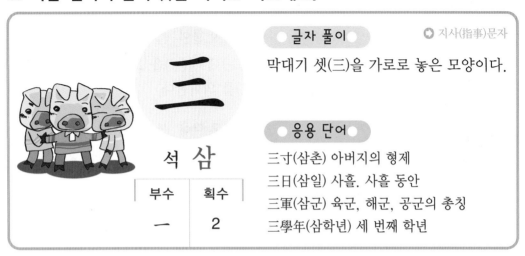

석 삼

부수	획수
一	2

글자 풀이 ○ 지사(指事)문자

막대기 셋(三)을 가로로 놓은 모양이다.

응용 단어

三寸(삼촌) 아버지의 형제
三日(삼일) 사흘. 사흘 동안
三軍(삼군) 육군, 해군, 공군의 총칭
三學年(삼학년) 세 번째 학년

필 순	一 二 三					
三 석 삼	三					

다음 한자의 음을 읽어 보세요.

三月(삼월)이 되면 나도 三學年(삼학년)이 됩니다.

철수는 三日(삼일)간 속초로 여행을 다녀왔습니다.

三(삼) · 四(사) · 五月(오월)은 봄이고, 六(육) · 七(칠) · 八月(팔월)은 여름입니다.

✿ 다음 한자의 음과 뜻을 익히고 써보세요.

글자 풀이 ⦿ 지사(指事)문자

막대기 넷을 세로로 놓은 모양이다.

응용 단어

四寸(사촌) 삼촌의 아들 딸
四山(사산) 사면에 둘러서 있는 산들
四大門(사대문) 서울에 있는 동·서·남·북
　　　　　　의 네 대문

넉 사:

부수	획수
口	2

필순	丨	冂	冂	四	四		
四	四						
넉 사							

✿ 다음 한자의 음을 읽어 보세요.

四寸(사촌) 동생과 어제 눈썰매장에 갔습니다.

서울의 四大門(사대문)은 동대문, 남대문, 서대문, 북대문입니다.

一(일)년은 四(사)계절입니다.

❀ 다음 한자의 음과 뜻을 익히고 써보세요.

● 지사(指事)문자

글자 풀이

한쪽 손의 손가락을 전부 편 모양이다.

五

다섯 오:

부수	획수
二	2

응용 단어

五十(오십) 숫자로 50
五萬(오만) 퍽 많은 수
五月(오월) 한 해의 다섯 번째 달

필순	一 丁 五 五					
五	五					
다섯 오						

❀ 다음 한자의 음을 읽어 보세요.

지난 五月(오월)에 심은 해바라기가
어느덧 내 키만큼이나 자랐습니다.

비가 오다 날이 개니 五(오)색 찬란
한 무지개가 나타났습니다.

三(삼) · 四(사) · 五月(오월)은 봄입니다.

1. 다음 한자의 음과 뜻을 바르게 연결하세요.

四 •   • 두 •   • 사

一 •   • 다섯 •   • 이

五 •   • 한 •   • 삼

二 •   • 석 •   • 일

三 •   • 넉 •   • 오

2. 보기에서 한자의 뜻과 음을 골라 쓰세요.

보기	사, 두, 한, 다섯, 이, 여섯, 넉, 석, 오, 일, 삼

五	뜻		음	
二	뜻		음	
一	뜻		음	
四	뜻		음	
三	뜻		음	

3. 다음 한자의 음을 쓰세요.

(1) 一(　)월 三(　)일은 어머니 생신입니다.

(2) 五(　)월은 가정의 달입니다.

(3) 四(　)월 二(　)일부터 봄방학입니다.

다음 한자의 음과 뜻을 익히고 써보세요.

六

여섯 륙

부수	획수
八	2

글자 풀이 ○ 상형(象形)문자

무궁화 꽃잎 5개와 꽃술 1개를 이어서
여섯(六)을 나타낸다.

응용 단어

六日(육일) 엿샛날
六兄弟(육형제) 형제가 여섯 명
六學年(육학년) 초등학교에서 가장 높은 학년

필순	` 一 ナ 六					
六	六					
여섯 륙						

다음 한자의 음을 읽어 보세요.

철수네 가족은 아버지, 어머니 그리
고 六兄弟(육형제)입니다.

해마다 유월이 오면 六二五(육이오)
가 생각이 납니다.

六(육) · 七(칠) · 八月(팔월)은 여름입니다.

✿ 다음 한자의 음과 뜻을 익히고 써보세요.

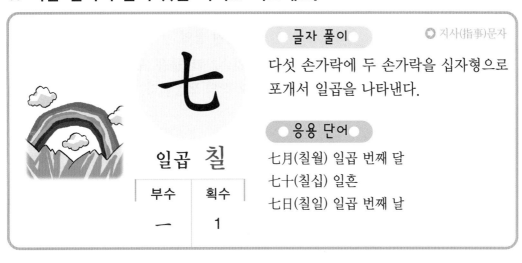

글자 풀이

○ 지사(指事)문자

다섯 손가락에 두 손가락을 십자형으로 포개서 일곱을 나타낸다.

응용 단어

七月(칠월) 일곱 번째 달
七十(칠십) 일흔
七日(칠일) 일곱 번째 날

일곱 칠

부수	획수
一	1

필순	一 七				
七	七				
일곱 칠					

✿ 다음 한자의 음을 읽어 보세요.

일주일은 七日(칠일)입니다.

~에헴

할아버지의 연세는 七十(칠십)입니다.

六(육)·七(칠)·八月(팔월)은 여름입니다.

✿ 다음 한자의 음과 뜻을 익히고 써보세요.

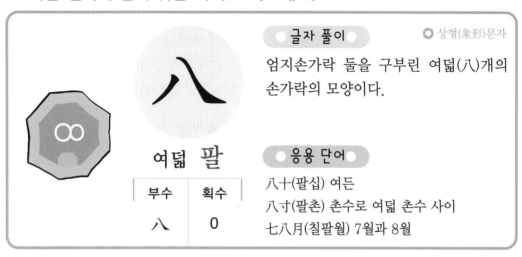

글자 풀이 ● 상형(象形)문자

엄지손가락 둘을 구부린 여덟(八)개의 손가락의 모양이다.

八

여덟 팔

부수	획수
八	0

응용 단어

八十(팔십) 여든
八寸(팔촌) 촌수로 여덟 촌수 사이
七八月(칠팔월) 7월과 8월

필순	ノ 八				
八 八					
여덟 팔					

✿ 다음 한자의 음을 읽어 보세요.

八月(팔월) 보름을 한가위라고 한다.

오늘은 八寸(팔촌) 형과 같이 놀이터에서 공놀이를 하였습니다.

六(육) · 七(칠) · 八月(팔월)은 여름입니다.

다음 한자의 음과 뜻을 익히고 써보세요.

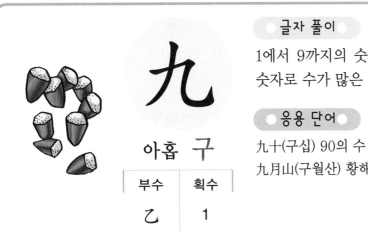

九

아홉 구

부수	획수
乙	1

글자 풀이

◑ 상형(象形)문자

1에서 9까지의 숫자 중에서 맨 마지막 숫자로 수가 많은 것을 의미한다.

응용 단어

九十(구십) 90의 수
九月山(구월산) 황해도에 있는 산 이름

필순	ノ 九				
九	九				
아홉 구					

다음 한자의 음을 읽어 보세요.

철수는 산수 시험에서 九十(구십)점을 받아 칭찬을 받았습니다.

여름이 가고 九月(구월)이 오면 날씨가 싸늘해지기 시작합니다.

九(구)·十(십)·十一(십일)월은 가을입니다.

❀ 다음 한자의 음과 뜻을 익히고 써보세요.

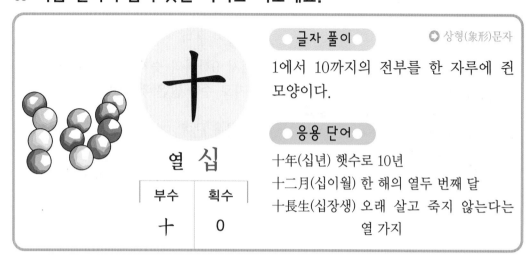

●글자 풀이   ◑ 상형(象形)문자

1에서 10까지의 전부를 한 자루에 쥔 모양이다.

●응용 단어

十年(십년) 햇수로 10년
十二月(십이월) 한 해의 열두 번째 달
十長生(십장생) 오래 살고 죽지 않는다는
열 가지

부수	획수
十	0

열 십

필순	一 十					
十	十					
열 십						

❀ 다음 한자의 음을 읽어 보세요.

十年(십년)이면 강산도 변한다고 합니다.

十二月 二十五日(십이월 이십오일)은 예수님이 오신 날입니다.

> 열한 번째 달은 十一月(십일월)이고, 열두 번째 달은 十二月(십이월)입니다.

1. 다음 한자의 음과 뜻을 바르게 연결하세요.

十 ·   · 여덟 ·   · 구

八 ·   · 여섯 ·   · 칠

六 ·   · 아홉 ·   · 팔

九 ·   · 일곱 ·   · 십

七 ·   · 열 ·   · 륙

2. 보기에서 한자의 뜻과 음을 골라 쓰세요.

보기: 구, 여덟, 열, 칠, 팔, 여섯, 십, 륙, 일곱, 아홉

九	뜻		음	
七	뜻		음	
六	뜻		음	
十	뜻		음	
八	뜻		음	

3. 다음 한자의 음을 쓰세요.

(1) 우리 집은 九(   )층입니다.

(2) 음력 八(   )월 십오일은 추석입니다.

(3) 거북이는 十(   )장생 중 하나입니다.

1. 다음 한자의 뜻과 음을 쓰세요.

뜻   음

(1) 三 (   ) (   )
(2) 五 (   ) (   )
(3) 七 (   ) (   )
(4) 九 (   ) (   )
(5) 四 (   ) (   )

2. 다음 한자의 음을 쓰세요.

(1) 해창이는 六(   )월에 미국을 갑니다.
(2) 二(   )학년 형들은 소풍 때 춤을 췄어요.
(3) 민수는 우리 아파트 三(   )층에 삽니다.

3. 빈칸에 알맞은 한자를 예에서 골라 그 번호를 쓰세요

예   ①十   ②六   ③三   ④五   ⑤一

(1) 교회의 꼭대기에는 십(   )자가가 있습니다.
(2) 삼(   )일절이면 유관순 누나가 생각납니다.

4. 다음에 알맞은 한자를 예에서 골라 그 번호를 쓰세요.

예   ①八   ②四   ③九   ④七

(1) 넉 사   (   )
(2) 일곱 칠 (   )
(3) 여덟 팔 (   )
(4) 아홉 구 (   )

5. 다음 글을 읽고 밑줄 친 부분의 한자의 독음을 쓰세요.

> 예 19十(1)九(2)년 三(3)월 一(4)일 독립선언서를 발표한 날을 기념
> 하여 三(5)一(6)절을 만들었습니다.

(1)   (2)
(3)   (4)
(5)   (6)

6. 다음 밑줄 친 낱말에 쓰이는 한자를 예에서 찾아 그 번호를 쓰세요.

> 예 ①七 ②五 ③六 ④十 ⑤二

(1) 오월 오일은 어린이 날입니다.
(2) 칠월 십칠일은 제헌절입니다.
(3) 십이월 이십오일은 성탄절입니다.

7. 다음 밑줄 친 낱말 뜻에 알맞은 한자를 예에서 찾아 그 번호를 쓰세요.

> 예 ①九 ②六 ③八 ④四 ⑤五

(1) 여섯 밤만 자면 겨울방학입니다.
(2) 우리 집은 아빠, 엄마, 나, 그리고 남동생 모두 네 식구입니다.
(3) 해영이네 집 햄스터가 새끼를 아홉 마리나 낳았습니다.

8. 다음 빈칸에 알맞은 한자를 예에서 찾아 그 번호를 쓰세요.

> 예 ①八 ②九 ③二 ④四 ⑤六 ⑥七

(1) 10에서 4를 빼면 (   )입니다.
   3더하기 5는 (   ) 입니다.
(2) 불이 나면 11(   )로 전화를 합니다.
   전화번호를 모를 때는 11(   )로 전화를 합니다.

❀ 다음 한자의 음과 뜻을 익히고 써보세요.

東

동녘 동

부수	획수
木	4

◉ 상형(象形)문자

◉ 글자 풀이

나뭇가지(木) 사이에서 태양(日)이 나오는 형태로 해가 뜨는 방향 동녘(東)을 의미한다.

◉ 응용 단어

東山(동산) 동쪽에 있는 산
東南(동남) 동쪽과 남쪽
中東(중동) 동양의 가운데 지역
東大門(동대문) 동쪽에 있는 큰 문

필순	一 ㄱ ㄷ ㅁ 듭 亘 亘 東 東					
東 동녘 동	東					

❀ 다음 한자의 음을 읽어 보세요.

해가 東山(동산)에 높이 떠올랐습니다.

갑자기 東南(동남)쪽에서 검은 구름이 몰려 왔습니다.

해가 뜨는 쪽이 東(동)쪽입니다.

❀ 다음 한자의 음과 뜻을 익히고 써보세요.

서녘 서

부수	획수
襾	0

글자 풀이 ◉ 상형(象形)문자

해가 서쪽에서 기울 무렵 새가 집으로 들어가는 것에서 서쪽(西)을 의미한다.

응용 단어

西學(서학) 서양의 학문
西土(서토) 서쪽 땅
西門(서문) 서쪽의 대문

필순	一 丆 丏 襾 襾 西				
西	西				
서녘 서					

❀ 다음 한자의 음을 읽어 보세요.

서울의 西(서)쪽에는 西大門(서대문)과 西小門(서소문)이 있습니다.

우리나라 서쪽에 있는 바다를 황해라고 하는데, 西(서)해라고도 부릅니다.

해가 지는 쪽은 西(서)쪽입니다.

✿ 다음 한자의 음과 뜻을 익히고 써보세요.

南

남녘 남

부수	획수
十	7

글자 풀이

◑ 회의(會意)문자

다행하고(幸) 좋은 방향이 남쪽(南)이라는 의미이다.

응용 단어

南國(남국) 남쪽 나라
南山(남산) 남쪽에 있는 산
南韓(남한) 남북으로 갈라진 한국의
　　　　　남쪽 땅

필순	一 十 广 内 内 内 南 南 南
南	南					
남녘 남						

✿ 다음 한자의 음을 읽어 보세요.

철수는 매일 南山(남산)에 있는 약수터까지 조깅을 합니다.

철새들이 따뜻한 곳을 찾아 南國(남국)으로 날아갑니다.

東西南北(동서남북)을 四(사)방이라고 합니다.

❀ 다음 한자의 음과 뜻을 익히고 써보세요.

北

북녘 북

부수	획수
匕	3

글자 풀이   ● 회의(會意)문자

두 사람이 서로 등을 지고 있는 모양을 본떴다.

응용 단어

北軍(북군) 북쪽 군대
北國(북국) 북쪽의 나라
東北(동북) 동쪽과 북쪽
北韓(북한) 남북으로 갈린 우리나라의 북쪽

필순	ㅣ ㅓ ㅓ ㅓ 北 北				
北	北				
북녘 북					

❀ 다음 한자의 음을 읽어 보세요.

北(북)쪽 하늘에는 北(북)두칠성이 있습니다.

우리나라는 北(북)쪽으로는 중국과 잇닿아 있습니다.

東西南北(동서남북)을 四(사)방이라고 합니다.

❀ 다음 한자의 음과 뜻을 익히고 써보세요.

● 지사(指事)문자

글자 풀이

돌아가는 팽이의 중심축에 어느 쪽도 기울지 않고 한복판을 지키기에 가운데 (中)를 의미한다.

응용 단어

中國(중국) 우리나라의 북서쪽에 위치한 나라
中小(중소) 중간 및 그 이하의 것
中學校(중학교) 초등학교를 기초로
　　　　　　　중등교육을 베푸는 곳

가운데 **중**

부수	획수
丨	3

필순	丨 冂 口 中					
中	中					
가운데 중						

❀ 다음 한자의 음을 읽어 보세요.

니하오~~

철수는 中國(중국)으로 유학을 갔습니다.

덩치가 큰 영수는 中學校(중학교)에 다니면서 씨름 선수를 했습니다.

그 中(중)에서도 '선녀와 나무꾼'이 제일 재미있었습니다.

확인학습 3

1. 다음 한자의 음과 뜻을 바르게 연결하세요.

西 ·   · 남녁 ·   · 남

中 ·   · 북녁 ·   · 동

南 ·   · 동녁 ·   · 북

東 ·   ·가운데·   · 서

北 ·   · 서녁 ·   · 중

2. 보기에서 한자의 뜻과 음을 골라 쓰세요.

> **보기** 가운데, 남녁, 남, 서, 중, 서녁, 동, 북녁, 북, 동녁

西 [뜻] _____ [음] _____

北 [뜻] _____ [음] _____

中 [뜻] _____ [음] _____

東 [뜻] _____ [음] _____

南 [뜻] _____ [음] _____

3. 다음 한자의 음을 쓰세요.

(1) 우리 아버지는 中小(　)기업을 운영하고 계십니다.

(2) 우체국은 역을 기준으로 南西(　)쪽에 있습니다.

(3) 어린이대공원은 東(　)서울에 있습니다.

※ 다음 한자의 음과 뜻을 익히고 써보세요.

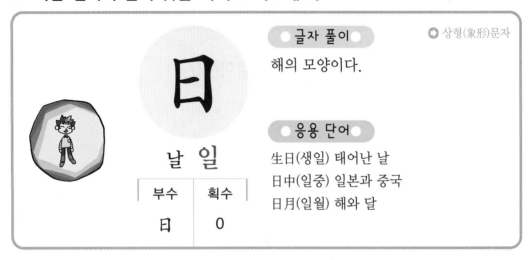

● 상형(象形)문자

글자 풀이

해의 모양이다.

응용 단어

生日(생일) 태어난 날
日中(일중) 일본과 중국
日月(일월) 해와 달

날 일

부수	획수
日	0

필순	｜ 冂 月 日				
日	日				
날 일					

※ 다음 한자의 음을 읽어 보세요.

내일이 우리 동생의 生日(생일)입니다.

시월 九日(구일)은 한글날입니다.

一(일)주일은 七日(칠일)입니다.

※ 다음 한자의 음과 뜻을 익히고 써보세요.

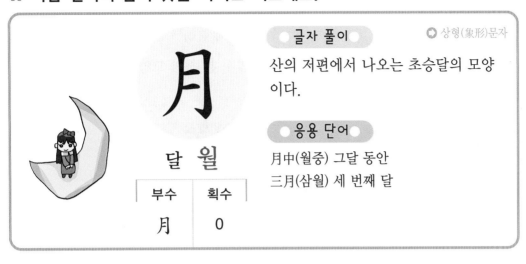

月

달 월

글자 풀이 ◆ 상형(象形)문자

산의 저편에서 나오는 초승달의 모양
이다.

응용 단어

月中(월중) 그달 동안
三月(삼월) 세 번째 달

부수	획수
月	0

필순	ノ 刀 刀 月 月					
月	月					
달 월						

※ 다음 한자의 음을 읽어 보세요.

우리 학교는 시험을 매달 月中(월
중)에 봅니다.

三月(삼월)에는 강남 갔던 제비가
박씨를 물고 돌아옵니다.

둘째 달은 二月(이월)입니다.

※ 다음 한자의 음과 뜻을 익히고 써보세요.

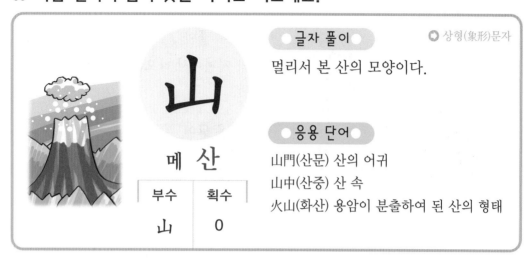

山

메 산

부수	획수
山	0

글자 풀이 ○상형(象形)문자

멀리서 본 산의 모양이다.

응용 단어

山門(산문) 산의 어귀
山中(산중) 산 속
火山(화산) 용암이 분출하여 된 산의 형태

필순	ㅣ 凵 山					
山 메 산	山					

※ 다음 한자의 음을 읽어 보세요.

山中(산중)에 커다란 암자 하나가 자리 잡고 있었습니다.

일본에는 아직도 火山(화산)이 폭발하는 곳이 있다고 합니다.

山(산)에는 소나무와 참나무, 떡갈나무와 밤나무들이 있었습니다.

✿ 다음 한자의 음과 뜻을 익히고 써보세요.

青

푸를 청

부수	획수
青	0

글자 풀이 ❂ 형성(形聲)문자

풀잎의 색깔처럼 파랗게 맑은 우물의 물색에서 파랗게(青) 투명한 색깔을 의미한다.

응용 단어

青白(청백) 푸른색과 흰색
青年(청년) 청춘기에 있는 젊은 사람
青山(청산) 나무가 무성하여 푸른 산

필순	一 二 ≠ 主 丰 青 青 青

青	青				
푸를 청					

✿ 다음 한자의 음을 읽어 보세요.

우리 마을 주변에는 아름다운 青山
(청산)이 둘러져 있습니다.

青白(청백) 양쪽에서 응원이 진행되었습니다.

"青軍(청군), 이겨라!"

❈ 다음 한자의 음과 뜻을 익히고 써보세요.

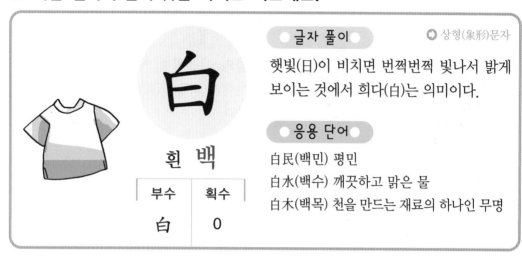

글자 풀이 ◐ 상형(象形)문자

햇빛(日)이 비치면 번쩍번쩍 빛나서 밝게 보이는 것에서 희다(白)는 의미이다.

응용 단어

白民(백민) 평민
白水(백수) 깨끗하고 맑은 물
白木(백목) 천을 만드는 재료의 하나인 무명

흰 백

부수	획수
白	0

필순	ノ ｆ 竹 白 白				
白	白				
흰 백					

❈ 다음 한자의 음을 읽어 보세요.

철수는 白(백)지 위에다 커다란 원 하나를 그렸습니다.

우리나라에서 제일 높은 산은 白(백)두산입니다.

"白軍(백군), 이겨라!"

확인학습 4

1. 다음 한자의 음과 뜻을 바르게 연결하세요.

日 ·　　　· 메 ·　　　· 월

山 ·　　　· 흰 ·　　　· 일

靑 ·　　　· 해 ·　　　· 산

白 ·　　　· 달 ·　　　· 청

月 ·　　　· 푸를 ·　　　· 백

2. 보기에서 한자의 뜻과 음을 골라 쓰세요.

보기: 흰, 푸를, 일, 산, 메, 해, 달, 청, 백, 월

靑　뜻 ____　음 ____

月　뜻 ____　음 ____

白　뜻 ____　음 ____

山　뜻 ____　음 ____

日　뜻 ____　음 ____

3. 다음 한자의 음을 쓰세요.

(1) 山(　)에서 도토리를 주웠습니다.

(2) 엄마가 시장에서 靑(　)바지를 사 주셨습니다.

(3) 月(　)요일부터 방학이 시작됩니다.

반복학습 2

1. 다음 한자의 뜻과 음을 쓰세요.

뜻   음

(1) 北 (   ) (   )
(2) 月 (   ) (   )
(3) 山 (   ) (   )
(4) 靑 (   ) (   )
(5) 南 (   ) (   )

2. 다음 한자의 음을 쓰세요.

(1) 여름방학에 東(   )해에 갈 생각입니다.
(2) 오전 中(   )에 숙제를 제출해 주세요.
(3) 유진이는 떡 중에서 白(   )설기를 제일 좋아합니다.

3. 다음 빈칸에 알맞은 한자를 예에서 골라 그 번호를 쓰세요.

예	①日 ②西 ③山 ④南 ⑤北

(1) 북(   )극과 남극은 지구에서 가장 추운 곳입니다.
(2) 산 (   )으로 소풍을 갔습니다.

4. 다음에 알맞은 한자를 예에서 골라 그 번호를 쓰세요.

예	①東 ②西 ③白 ④中

(1) 서녘 서   (   )
(2) 가운데 중 (   )
(3) 흰 백   (   )
(4) 동녘 동   (   )

5. 다음 글을 읽고 밑줄 친 부분의 한자의 독음을 쓰세요.

> 예 우리 마을 東(1)쪽에는 커다란 산이 있고 西(2)쪽에는 작은 숲이 있습니다.
> 우리 집은 마을의 가장 北(3)쪽에 있고 나랑 제일 친한 지원이는 마을의 가장 南(4)쪽에 있습니다.

(1)   (2)

(3)   (4)

6. 다음 밑줄 친 낱말에 쓰이는 한자를 예에서 찾아 그 번호를 쓰세요

> 예   ①東   ②白   ③中   ④靑   ⑤西

(1) 중국은 아시아의 여러 나라 중에서 가장 큰 나라입니다.

(2) 백설 공주는 백마 탄 왕자님을 만났습니다.

(3) 매번 운동회에서 청군은 청색 모자를 씁니다.

7. 다음 밑줄 친 낱말 뜻에 알맞도록 한자를 예에서 찾아 그 번호를 쓰세요

> 예   ①山   ②白   ③日   ④南   ⑤月

(1) 해님이 방긋 웃으며 떠올랐습니다.

(2) 가만히 달을 들여다보면 토끼가 방아를 찧고 있는 모습이 보입니다.

(3) 산토끼가 겨울잠에 들어갔습니다.

8. 다음 빈칸에 알맞은 한자를 예에서 찾아 그 번호를 쓰세요.

> 예   ①南   ②白   ③日   ④月   ⑤靑   ⑥東

(1) 토요일의 다음 날은 (   )요일입니다.
    7월의 다음 달은 8(   )입니다.

(2) 구름은 (   )색입니다.
    하늘은 (   )색입니다.

(3) 해는 (   )쪽에서 떠오릅니다.
    북극과 (   )극은 세계에서 가장 추운 곳입니다.

❀ 다음 한자의 음과 뜻을 익히고 써보세요.

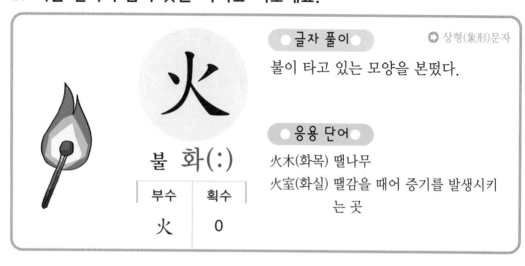

글자 풀이

● 상형(象形)문자

불이 타고 있는 모양을 본떴다.

火

불 화(:)

응용 단어

火木(화목) 땔나무
火室(화실) 땔감을 때어 증기를 발생시키
는 곳

부수	획수
火	0

필순	丶 丶 丿 少 火					
火	火					
불 화						

❀ 다음 한자의 음을 읽어 보세요.

火木(화목)을 잔뜩 실은 자동차가 언덕 위를 천천히 올라가고 있습니다.

오늘은 火(화)요일입니다.

日(일)요일, 月(월)요일, 火(화)요일, 水(수)요일, 木(목)요일, 金(금)요일, 土(토)요일이 있습니다.

✿ 다음 한자의 음과 뜻을 익히고 써보세요.

글자 풀이 ➡ 상형(象形)문자

냇물의 움직이는 모양을 나타낸다.

응용 단어

水軍(수군) 해군
生水(생수) 샘으로부터 바로 나온 물
水門(수문) 저수지나 수로에 설치하여 수량
　　　　　을 조절하는 문. 물문

물 수

부수	획수
水	0

필순	亅 刁 水 水				
水 물 수	水				

✿ 다음 한자의 음을 읽어 보세요.

순희는 水中(수중)발레 선수입니다.

장마철에 비가 많이 오자 댐의 水門
(수문)을 모두 열었습니다.

> 日(일)요일, 月(월)요일, 火(화)요일, 水(수)요일, 木(목)
> 요일, 金(금)요일, 土(토)요일이 있습니다.

❀ 다음 한자의 음과 뜻을 익히고 써보세요.

● 상형(象形)문자

● 글자 풀이
나무의 모양이다.

● 응용 단어
木靑(목청) 녹색
木金(목금) 나무와 쇠
木門(목문) 나무로 된 문

나무 목

부수	획수
木	0

필순	一 十 才 木					
木	木					
나무 목						

❀ 다음 한자의 음을 읽어 보세요.

문익점 선생님은 중국에서 木(목)화
씨를 가지고 왔습니다.

木(목)수 아저씨가 다 자란 나무를
베어서 의자를 만들어 주셨습니다.

日(일)요일, 月(월)요일, 火(화)요일, 水(수)요일, 木(목)
요일, 金(금)요일, 土(토)요일이 있습니다.

✿ 다음 한자의 음과 뜻을 익히고 써보세요.

金

쇠 금/성 김

부수	획수
金	0

글자 풀이　　● 형성(形聲)문자

산에 보석이 있는 모양에서 금, 금전(金)을 의미한다.

응용 단어

白金(백금) 은백색이 나는 금

年金(연금) 일정기간 동안 정기적으로 급여하는 돈

필순	ノ 入 𠆢 𠆢 全 全 金 金				
金 쇠 금	金				

✿ 다음 한자의 음을 읽어 보세요.

지난 金(금)요일에 위도로 소풍을 갔습니다.

황金(금)보기를 돌 같이 하라고 최영 장군이 말씀하셨습니다.

日(일)요일, 月(월)요일, 火(화)요일, 水(수)요일, 木(목)요일, 金(금)요일, 土(토)요일이 있습니다.

❀ 다음 한자의 음과 뜻을 익히고 써보세요.

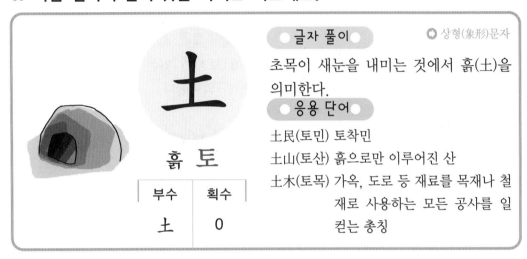

글자 풀이　　　　　● 상형(象形)문자

초목이 새눈을 내미는 것에서 흙(土)을 의미한다.

응용 단어

土民(토민) 토착민

土山(토산) 흙으로만 이루어진 산

土木(토목) 가옥, 도로 등 재료를 목재나 철 재로 사용하는 모든 공사를 일 컫는 총칭

흙 토

부수	획수
土	0

필순	一 十 土					
土 흙 토	土					

❀ 다음 한자의 음을 읽어 보세요.

우리 집 옆 강에서는 댐을 짓는 土木 (토목)공사가 한창 진행되고 있습니다.

土(토)요일에 엄마, 아빠와 함께 시 골 할머니 댁에 다녀왔습니다.

日(일)요일, 月(월)요일, 火(화)요일, 水(수)요일, 木(목) 요일, 金(금)요일, 土(토)요일이 있습니다.

확인학습 5

1. 다음 한자의 음과 뜻을 바르게 연결하세요.

水 •　　　• 나무 •　　　• 화

金 •　　　• 쇠 •　　　　• 목

火 •　　　• 흙 •　　　　• 수

木 •　　　• 물 •　　　　• 토

土 •　　　• 불 •　　　　• 금

2. 보기에서 한자의 뜻과 음을 골라 쓰세요.

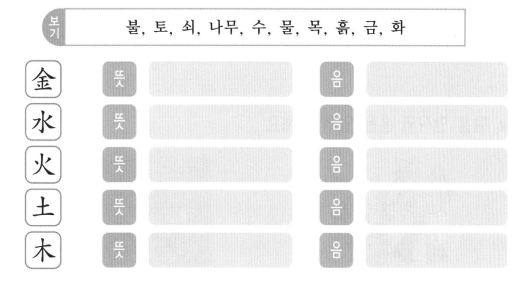

> 보기　불, 토, 쇠, 나무, 수, 물, 목, 흙, 금, 화

金	뜻		음	
水	뜻		음	
火	뜻		음	
土	뜻		음	
木	뜻		음	

3. 다음 한자의 음을 쓰세요.

(1) 지난 주 水(　)요일부터 방학이 시작되었습니다.

(2) 土(　)요일에 엄마와 함께 외식을 했습니다.

(3) 이번 주 木(　)요일부터 본격적인 추위가 시작되겠습니다.

※ 다음 한자의 음과 뜻을 익히고 써보세요.

○ 상형(象形)문자

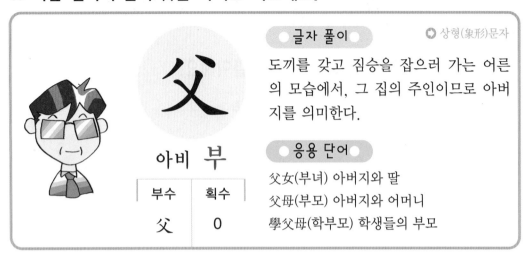

父

아비 부

부수	획수
父	0

글자 풀이

도끼를 갖고 짐승을 잡으러 가는 어른의 모습에서, 그 집의 주인이므로 아버지를 의미한다.

응용 단어

父女(부녀) 아버지와 딸
父母(부모) 아버지와 어머니
學父母(학부모) 학생들의 부모

필순	⸜ ⸝ ⸝ 父						
父	父						
아비 부							

※ 다음 한자의 음을 읽어 보세요.

父女(부녀)지간인 순희와 아버지는 너무나 닮았습니다.

많은 學父母(학부모)님들로 강당은 꼭 찼습니다.

父(부)친께서는 진지를 드셨습니다.

✿ 다음 한자의 음과 뜻을 익히고 써보세요.

어미 모:

부수	획수
母	1

● 지사(指事)문자

글자 풀이

여인이 성장하여 성인이 되면 젖무덤이 붙는 형태가 되어 엄마, 어머니(母)를 의미한다.

응용 단어

母校(모교) 내가 다닌 학교
生母(생모) 나를 낳아주신 어머니
母國(모국) 주로 외국에 있는 사람이 자기가 출생한 나라를 가리키는 말

필순	ㄴ 𠃌 𠃌 母 母

母	母					
어미 모						

✿ 다음 한자의 음을 읽어 보세요.

해외동포들은 오늘도 母國(모국)을 그리워하며 열심히 일하고 있습니다.

우리 할아버지는 당신이 다니시던 母校(모교)에 장학금을 만들었습니다.

나는 어제 父母(부모)님을 따라 큰댁에 내려왔습니다.

❀ 다음 한자의 음과 뜻을 익히고 써보세요.

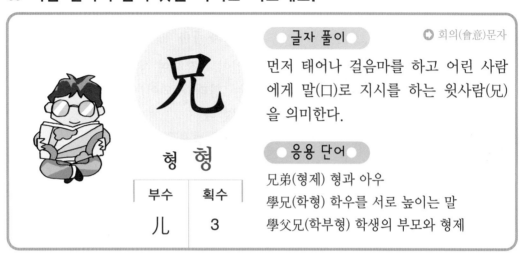

글자 풀이 ● 회의(會意)문자

먼저 태어나 걸음마를 하고 어린 사람에게 말(口)로 지시를 하는 윗사람(兄)을 의미한다.

兄

형 형

부수	획수
儿	3

응용 단어

兄弟(형제) 형과 아우
學兄(학형) 학우를 서로 높이는 말
學父兄(학부형) 학생의 부모와 형제

필순	＼ 冂 口 尸 兄					
兄	兄					
형 형						

❀ 다음 한자의 음을 읽어 보세요.

나는 三兄弟(삼형제) 중에 막내입니다.

영수와 그의 동생은 兄弟(형제)간의 우애가 두텁습니다.

이 말을 들은 두 兄(형)도 고개를 끄덕이며 아버지의 말씀을 다시 생각해 보았습니다.

❀ 다음 한자의 음과 뜻을 익히고 써보세요.

아우 제:

부수	획수
弓	4

글자 풀이 ◐ 상형(象形)문자

끈을 위에서 밑으로 빙빙 감듯이 차례
차례 태어나는 남동생(弟)을 의미한다.

응용 단어

弟子(제자) 선생에게 배우는 사람들
子弟(자제) 남의 집 아들을 높여 부르는 말
四兄弟(사형제) 아들이 네 명

필순	丶 丷 丷 弟 弟 弟				
弟	弟				
아우 제					

❀ 다음 한자의 음을 읽어 보세요.

우리는 아들만 四兄弟(사형제)입니
다.

댁의 자弟(제)가 공부를 그렇게 잘
한다면서요.

우리는 한 겨레, 한 兄弟(형제)입니다.

❀ 다음 한자의 음과 뜻을 익히고 써보세요.

글자 풀이 ◐ 상형(象形)문자

손을 앞으로 끼고 무릎 꿇고 있는 부드러운 모습에서 여자, 처녀를 의미한다.

응용 단어

女大(여대) 여자 대학
女王(여왕) 여자 임금
女軍(여군) 여자 군인으로 조직된 군대
女先生(여선생) 여자로서 선생이 된 사람

계집 녀

부수	획수
女	0

필순	く 女 女					
女	女					
계집 녀						

❀ 다음 한자의 음을 읽어 보세요.

선덕여왕은 신라시대 때 女王(여왕)입니다.

우리 선생님은 女先生(여선생)님입니다.

아버지, 어머니, 나, 그리고 네 살 된 女(여)동생이 있습니다.

1. 다음 한자의 음과 뜻을 바르게 연결하세요.

弟 •　　　　• 아비 •　　　　• 형

母 •　　　　• 형 •　　　　• 제

女 •　　　　• 어미 •　　　　• 부

兄 •　　　　• 아우 •　　　　• 녀

父 •　　　　• 계집 •　　　　• 모

2. 보기에서 한자의 뜻과 음을 골라 쓰세요.

보기: 어미, 형, 모, 형, 아우, 제, 부, 아비, 녀, 계집

兄	뜻		음	
母	뜻		음	
弟	뜻		음	
父	뜻		음	
女	뜻		음	

3. 다음 한자의 음을 쓰세요.

(1) 큰 兄(　　)은 중학생입니다.

(2) 작은 누나는 女(　　)학교에 다닙니다.

(3) 스승의 날을 맞아 母(　　)교를 방문했습니다.

반복학습 3

1. 다음 한자의 뜻과 음을 쓰세요.

	뜻	음

(1) 金 (   ) (   )

(2) 母 (   ) (   )

(3) 火 (   ) (   )

(4) 兄 (   ) (   )

(5) 水 (   ) (   )

2. 다음 한자의 음을 쓰세요.

(1) 나는 일주일 중에 土(   )요일을 제일 좋아합니다.

(2) 나도 女(   )동생이 있었으면 좋겠습니다.

(3) 영수는 木(   )수가 꿈입니다.

3. 다음 빈칸에 알맞은 한자를 예에서 골라 그 번호를 쓰세요.

예	①弟 ②女 ③五 ④父 ⑤金

(1) 자로는 공자선생님의 제(   )자입니다.

(2) 부(   )모님의 은혜에 감사드립니다.

4. 다음에 알맞은 한자를 예에서 골라 그 번호를 쓰세요.

예	①東 ②兄 ③土 ④父 ⑤木

(1) 흙 토   (   )

(2) 아버지 부 (   )

(3) 형 형   (   )

(4) 나무 목   (   )

5. 다음 글을 읽고 밑줄 친 부분의 한자의 독음을 쓰세요.

> 예
> 이번 설날은 土(1)요일입니다. 설날이 되면 父(2)母(3)님과 함께 시골 할아버지 댁에 갑니다.
> 할아버지 댁에 가면 사촌 兄(4)들도 만날 수 있습니다.

(1)   (2)

(3)   (4)

6. 다음 밑줄 친 낱말에 쓰이는 한자를 예에서 찾아 그 번호를 쓰세요.

> 예   ①女   ②母   ③水   ④金   ⑤兄

(1) 홍수로 어려움을 겪게 된 사람들을 수재민이라고 합니다.

(2) 할머니의 여자 형제분들은 모두 여학교를 다녔다고 합니다.

(3) 홍수는 삼형제 중에 맏형입니다.

7. 다음 밑줄 친 낱말 뜻에 알맞은 한자를 예에서 찾아 그 번호를 쓰세요.

> 예   ①兄   ②弟   ③父   ④火   ⑤木

(1) 부모님이 항상 겨울에는 더욱 더 불조심을 해야 한다고 말씀하셨습니다.

(2) 막내 동생은 아직 걷지 못합니다.

(3) 우리 할아버지는 나무에 대해서 모르는 것이 없습니다.

8. 다음 빈칸에 알맞은 한자를 예에서 찾아 그 번호를 쓰세요.

> 예   ①弟   ②兄   ③土   ④金   ⑤女   ⑥火

(1) 엄마의 (   )자 형제를 이모라고 부릅니다.
    아빠의 (   )을 큰아버지라고 부릅니다.

(2) 어제 '(   )도끼은도끼' 라는 이야기를 읽었습니다.
    옛날 사이좋은 형(   )가 살았습니다.

다음 한자의 음과 뜻을 익히고 써보세요.

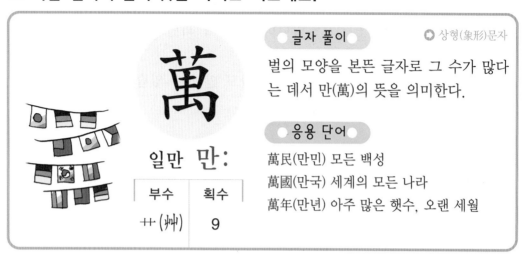

글자 풀이　　　○ 상형(象形)문자

벌의 모양을 본뜬 글자로 그 수가 많다는 데서 만(萬)의 뜻을 의미한다.

응용 단어

萬民(만민) 모든 백성
萬國(만국) 세계의 모든 나라
萬年(만년) 아주 많은 햇수, 오랜 세월

萬

일만 만 :

부수	획수
++ (艸)	9

필순	一 十 卄 艹 芍 芍 芍 芍 萬 萬 萬 萬

萬	萬				
일만 만					

다음 한자의 음을 읽어 보세요.

철수는 장난감을 사고 二萬(이만)원을 냈습니다.

한국이 독립국임을 萬國(만국)에 선포했습니다.

운동장에는 하얀 줄이 쳐 있고 萬國(만국)기가 바람에 펄럭입니다.

다음 한자의 음과 뜻을 익히고 써보세요.

글자 풀이   ◯ 형성(形聲)문자

벼가 결실해서 사람에게 수확되기까지의 기간을 뜻하는 것으로 한 해, 세월을 의미한다.

응용 단어

青年(청년) 젊은 남자
生年月日(생년월일) 자신이 태어난 년, 월, 일
長年(장년) 나이가 많음

해 년

부수	획수
干	3

필순	ノ ノ ニ 二 年 年				
年	年				
해 년					

다음 한자의 음을 읽어 보세요.

학교에 내는 신상기록부에 철수는 生年月日(생년월일)을 적었습니다.

서울에서 춘천으로 이사 온 지 벌써 十年(십년)이 지났습니다.

五(오) · 六學年(육학년) 兄(형)들의 기마전은 참 아슬아슬했습니다.

❀ 다음 한자의 음과 뜻을 익히고 써보세요.

글자 풀이 ◐ 상형(象形)문자

지팡이를 짚은 노인의 모양이다.

긴 장(:)

부수	획수
長	0

응용 단어

長女(장녀) 맏딸, 큰딸
長大(장대) 길고 큼
校長(교장) 학교의 우두머리
長生(장생) 오래 살아 죽지 않는 것

필순	丨 丆 仟 仟 托 托 長 長

長	長					
긴 장						

❀ 다음 한자의 음을 읽어 보세요.

校長(교장) 선생님께서 구령대에 올라 가셨습니다.

우리 오빠는 이웃집 長女(장녀) 순희 언니와 결혼을 했습니다.

校長(교장) 先生(선생)님께서 말씀하셨습니다.

※ 다음 한자의 음과 뜻을 익히고 써보세요.

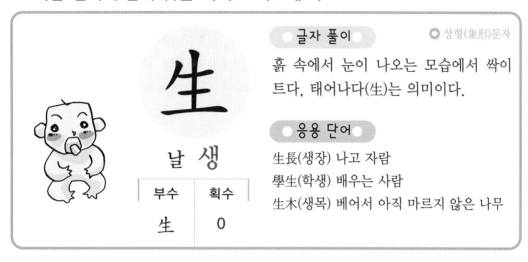

生

날 생

부수	획수
生	0

글자 풀이 상형(象形)문자

흙 속에서 눈이 나오는 모습에서 싹이 트다, 태어나다(生)는 의미이다.

응용 단어

生長(생장) 나고 자람
學生(학생) 배우는 사람
生木(생목) 베어서 아직 마르지 않은 나무

필순	ノ 𠂉 𠂉 牛 生					
生	生					
날 생						

※ 다음 한자의 음을 읽어 보세요.

등교길에 學生(학생)들이 三三五五(삼삼오오) 무리를 지어 학교로 들어옵니다.

아침마다 生水(생수) 한 컵을 마시면 건강에 매우 좋습니다.

先生(선생)님과 동무들에게 편지를 쓰겠습니다.

❀ 다음 한자의 음과 뜻을 익히고 써보세요.

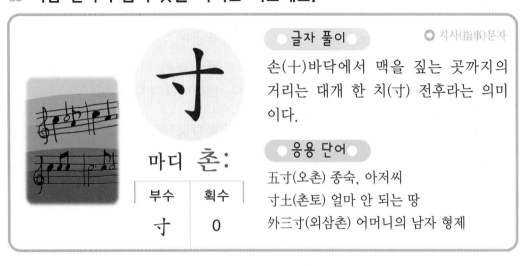

마디 촌:

부수	획수
寸	0

○ 지사(指事)문자

글자 풀이

손(十)바닥에서 맥을 짚는 곳까지의 거리는 대개 한 치(寸) 전후라는 의미이다.

응용 단어

五寸(오촌) 종숙, 아저씨
寸土(촌토) 얼마 안 되는 땅
外三寸(외삼촌) 어머니의 남자 형제

필순	一 十 寸				
寸	寸				
마디 촌					

❀ 다음 한자의 음을 읽어 보세요.

三寸(삼촌)이 대학교에 합격하였습니다.

五寸(오촌)아저씨에게 세배를 했습니다.

할아버지, 할머니, 아버지, 어머니, 三寸(삼촌)이 계십니다.

◎ 확인학습 7 ◎

1. 다음 한자의 음과 뜻을 바르게 연결하세요.

年 •　　　• 긴 •　　　• 만

長 •　　　• 날 •　　　• 촌

萬 •　　　• 해 •　　　• 장

寸 •　　　• 일만 •　　　• 생

生 •　　　• 마디 •　　　• 년

2. 보기에서 한자의 뜻과 음을 골라 쓰세요.

보기　해, 장, 마디, 만, 긴, 년, 생, 날, 촌, 일만

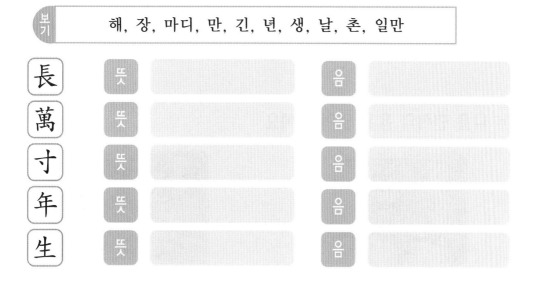

長	뜻		음	
萬	뜻		음	
寸	뜻		음	
年	뜻		음	
生	뜻		음	

3. 다음 한자의 음을 쓰세요.

(1) 재영이는 생일이 빨라서 1年(　) 일찍 학교에 들어갔습니다.

(2) 토마토는 生(　)으로 먹는 것이 맛있습니다.

(3) 나는 長(　)남입니다.

�֍ 다음 한자의 음과 뜻을 익히고 써보세요.

글자 풀이   ◐ 형성(形聲)문자

절구(臼)처럼 앉아 본받기(爻)위해 무식으로 뒤덮인 아들(子)이 글을 배운다(學)는 의미이다.

응용 단어

學長(학장) 단과 대학의 장
學校(학교) 학생을 가르치는 교육기관
學年(학년) 1년간의 수학기에 따라서 구별한 학교의 단계

배울 학

부수	획수
子	13

필순	` ´ ƒ ƒ ƒ ƒ ƒ ƒ ƒ 爲 爲 爲 爲 學 學 學 學

學	學				
배울 학					

�֍ 다음 한자의 음을 읽어 보세요.

여름이 되니 우리 學校(학교)도 방학을 했습니다.

순희의 할아버지는 大學校(대학교)의 학장으로 계십니다.

學校(학교)에는 재미있는 놀이 기구가 있습니다.

❀ 다음 한자의 음과 뜻을 익히고 써보세요.

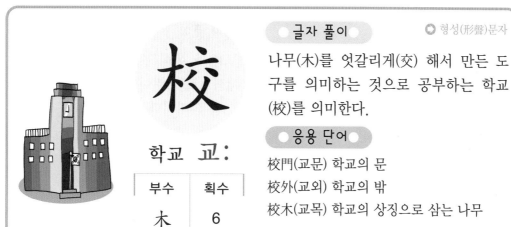

글자 풀이

⬤ 형성(形聲)문자

나무(木)를 엇갈리게(交) 해서 만든 도구를 의미하는 것으로 공부하는 학교(校)를 의미한다.

학교 교:

응용 단어

校門(교문) 학교의 문
校外(교외) 학교의 밖
校木(교목) 학교의 상징으로 삼는 나무

부수	획수
木	6

필순	一 十 才 才 术 栌 栌 栌 栌 校				
校 학교 교	校				

❀ 다음 한자의 음을 읽어 보세요.

우리 학교의 校木(교목)은 소나무입니다.

오늘은 선생님과 함께 校外(교외)로 나가 자연 현장학습을 하였습니다.

오래간만에 學校(학교)에 왔습니다.

❀ 다음 한자의 음과 뜻을 익히고 써보세요.

敎

가르칠 교:

부수	획수
攵(攴)	7

글자 풀이

○ 형성(形聲)문자

어른(老)과 아이(子)가 뒤섞여서, 어른이 채찍으로 어린이를 엄격하게 가르친다(敎)는 의미이다.

응용 단어

敎大(교대) 교육대학의 준말
敎生(교생) 교육실습생의 준말
敎室(교실) 학교에서 학생을 가르치는 방

필순	ノ ㄨ ㄨ ㅈ 孝 孝 孝 孝 孝 教 教
敎	敎
가르칠 교	

❀ 다음 한자의 음을 읽어 보세요.

따스한 햇살이 敎室(교실) 창문에 가득 밀려와 있었습니다.

오늘 국어 시간에는 담임선생님을 대신해서 敎生(교생)선생님이 들어오셨습니다.

敎室(교실)에서 동무들을 다시 만났습니다.

※ 다음 한자의 음과 뜻을 익히고 써보세요.

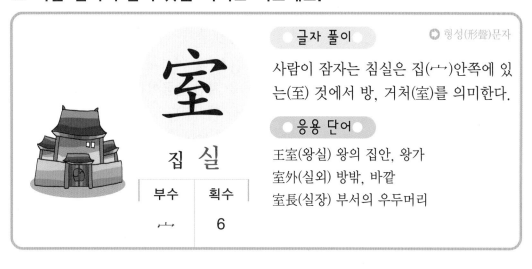

室

집 실

부수	획수
宀	6

글자 풀이 ▶ 형성(形聲)문자

사람이 잠자는 침실은 집(宀)안쪽에 있는(至) 것에서 방, 거처(室)를 의미한다.

응용 단어

王室(왕실) 왕의 집안, 왕가
室外(실외) 방밖, 바깥
室長(실장) 부서의 우두머리

필순	丶 丶 宀 宀 宀 宀 宀 宀 室					
室	室					
집 실						

※ 다음 한자의 음을 읽어 보세요.

강릉에 있는 室外(실외) 아이스 링크에서는 아이스하키 경기가 한창입니다.

시험시작 20분전에 敎室(교실)에 들어오시기를 바랍니다.

敎室(교실)에서 동무들을 다시 만났습니다.

※ 다음 한자의 음과 뜻을 익히고 써보세요.

바깥 외:

부수	획수
夕	2

● 형성(形聲)문자

글자 풀이

저녁(夕)때 거북이 등을 두드려서 점(卜)을 치면 줄금이 바깥쪽에 생겨 바깥(外)을 의미한다.

응용 단어

外三寸(외삼촌) 어머니의 남자 형제
外人(외인) 한 집안, 한 단체의 밖의 사람
外國(외국) 제나라 주권이 미치지 않는 국가

필순	ノ ク タ 列 外				
外	外				
바깥 외					

※ 다음 한자의 음을 읽어 보세요.

오늘은 동생의 초등학교 입학식을 맞아 가족이 外(외)식을 했습니다.

방학 내내 집안에만 있다가 오늘 어머니, 外三寸(외삼촌)과 함께 소풍을 갔습니다.

우리나라의 옛날이야기며, 外國(외국)의 동화들을 읽었습니다.

1. 다음 한자의 음과 뜻을 바르게 연결하세요.

學 •   • 가르칠 •   • 외

外 •   • 배울 •   • 교

校 •   • 학교 •   • 실

教 •   • 바깥 •   • 학

室 •   • 집 •   • 교

2. 보기에서 한자의 뜻과 음을 골라 쓰세요.

보기 교, 가르칠, 학, 바깥, 교, 집, 실, 외, 배울, 학교

3. 다음 한자의 음을 쓰세요.

(1) 우리 학교 校(   )화는 철쭉입니다.

(2) 긍하는 수學(   )을 제일 좋아합니다.

(3) 일요일에 敎(   )회에 갑니다.

1. 다음 한자의 뜻과 음을 쓰세요.

뜻　　　　음

(1) 長 (　　　　) (　　　)
(2) 寸 (　　　　) (　　　)
(3) 校 (　　　　) (　　　)
(4) 年 (　　　　) (　　　)
(5) 室 (　　　　) (　　　)

2. 다음 한자의 음을 쓰세요.

(1) 이모는 생일에 장미꽃 萬(　　)송이를 받았습니다.
(2) 내 生(　　)일은 오월입니다.
(3) 外(　　)제라고 무조건 좋은 것은 아닙니다.

3. 다음 빈칸에 알맞은 한자를 예에서 골라 그 번호를 쓰세요.

| 예 | ①敎　②校　③長　④室　⑤學 |

(1) 교(　　)무실은 이층에 있습니다.
(2) 내 동생은 아직 어려서 학(　　)교에 가지 않습니다.

4. 다음에 알맞은 한자를 예에서 골라 그 번호를 쓰세요.

| 예 | ①外　②校　③學　④萬　⑤生 |

(1) 일만 만 (　　　　)
(2) 배울 학 (　　　　)
(3) 날 생　(　　　　)
(4) 바깥 외 (　　　　)

5. 다음 글을 읽고 밑줄 친 부분의 한자의 독음을 쓰세요.

> 예 學(1)校(2)에 가면 선生(3)님과 친구들을 만날 수 있습니다.
> 그래서 나는 教(4)室(5) 문을 열면 늘 즐겁습니다.

(1)   (2)

(3)   (4)

(5)

6. 다음 밑줄 친 낱말에 쓰이는 한자를 예에서 찾아 그 번호를 쓰세요.

> 예   ①寸   ②校   ③萬   ④室   ⑤年

(1) 일학년을 마치고 이학년이 되었습니다.

(2) 삼촌의 아들과 나는 사촌지간입니다.

(3) 대한독립 만세! 만세!

7. 다음 밑줄 친 낱말에 쓰이는 한자를 예에서 찾아 그 번호를 쓰세요.

> 예   ①室   ②外   ③萬   ④長   ⑤教

(1) 라푼젤은 긴 머리를 탑 아래로 내렸습니다.

(2) 동생이 집안에 있습니다.

(3) 밖에 눈이 내리고 있습니다.

8. 다음 빈칸에 알맞은 한자를 예에서 찾아 그 번호를 쓰세요.

> 예   ①長   ②生   ③年   ④室   ⑤弟   ⑥外   ⑦學   ⑧校

(1) 이제 나도 2학(   )입니다.
    (   )교는 집에서 조금 멀리 있습니다.

(2) 큰 형은 우리 집의 (   )남입니다.
    우리 집은 형(   )가 많습니다.

(3) 엄마의 엄마가 바로 (   )할머니입니다.
    고모는 초등학교 선(   )님입니다.

※ 다음 한자의 음과 뜻을 익히고 써보세요.

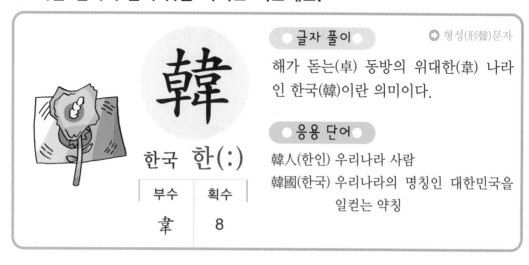

韓

한국 한(:)

부수	획수
韋	8

●글자 풀이   ○ 형성(形聲)문자

해가 돋는(卓) 동방의 위대한(韋) 나라인 한국(韓)이란 의미이다.

●응용 단어

韓人(한인) 우리나라 사람
韓國(한국) 우리나라의 명칭인 대한민국을 일컫는 약칭

필순	一 十 十 占 古 占 直 卓 卓ʹ 卓ʺ 車 車 韓 韓 韓 韓 韓

韓	韓				
한국 한					

※ 다음 한자의 음을 읽어 보세요.

2002년 월드컵 축구 대회가 韓國(한국)과 일본에서 열렸습니다.

나는 양식이나 일식보다 韓(한)식을 더 좋아합니다.

"大韓民國(대한민국) 만세!"

❀ 다음 한자의 음과 뜻을 익히고 써보세요.

國

나라 국

부수	획수
口	8

◉ 회의(會意)문자

글자 풀이

영토, 국방(戈), 국민(口), 주권(一)으로서 나라(國)를 의미한다.

응용 단어

國土(국토) 나라의 영토
國外(국외) 한 나라의 영토 밖
國民(국민) 같은 국적의 백성

필순	丨 冂 冂 冃 同 冋 同 國 國 國 國					
國	國					
나라 국						

❀ 다음 한자의 음을 읽어 보세요.

우리나라의 國(국)화는 무궁화입니다.

마을 중간에 國(국)기 게양대가 높이 있는 곳이 마을 회관입니다.

十月 一日(시월 일일)은 國軍(국군)의 날입니다.

✿ 다음 한자의 음과 뜻을 익히고 써보세요.

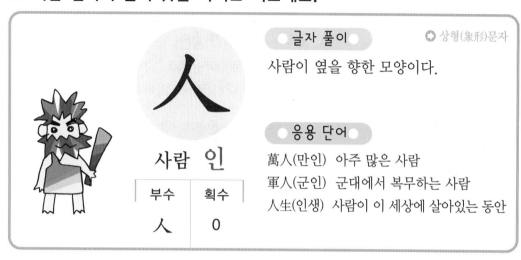

글자 풀이
○ 상형(象形)문자

사람이 옆을 향한 모양이다.

人

사람 인

응용 단어

萬人(만인) 아주 많은 사람
軍人(군인) 군대에서 복무하는 사람
人生(인생) 사람이 이 세상에 살아있는 동안

부수	획수
人	0

필 순	ノ 人				
人	人				
사람 인					

✿ 다음 한자의 음을 읽어 보세요.

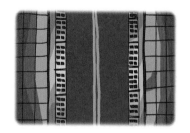

시골 할아버지 댁에 가면 人(인)가 가 드문드문 늘어서 있습니다.

萬人(만인)이 모여 행진을 합니다.

자랑스런 軍人(군인) 아저씨들이 행진합니다.

✿ 다음 한자의 음과 뜻을 익히고 써보세요.

民

백성 민

부수	획수
氏	1

● 상형(象形)문자

글자 풀이

여인(女)이 시초(氏)가 되어 많은 사람이 태어나는 것에서 백성, 사람(民)을 의미한다.

응용 단어

民生(민생) 국민의 생활
國民(국민) 그 나라의 백성
萬民(만민) 모든 백성

필순	⁊ ⁊ ⁊ ⴹ ⴹ 民				
民	民				
백성 민					

✿ 다음 한자의 음을 읽어 보세요.

봄이 되자 농民(민)들이 농토에서 농사일을 하고 있습니다.

• 오늘은 공설운동장에서 도民(민) 대항 민속 씨름대회가 열렸습니다.

집집마다 國(국)기를 달고 온 國民(국민)이 기뻐합니다.

※ 다음 한자의 음과 뜻을 익히고 써보세요.

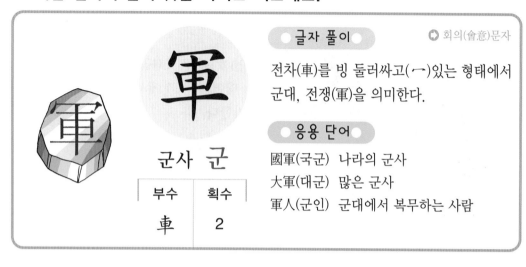

글자 풀이 ● 회의(會意)문자

전차(車)를 빙 둘러싸고(冖)있는 형태에서 군대, 전쟁(軍)을 의미한다.

응용 단어

國軍(국군) 나라의 군사
大軍(대군) 많은 군사
軍人(군인) 군대에서 복무하는 사람

軍
군사 군

부수	획수
車	2

필순	＇ ㇒ ㄇ ㄇ 冖 冒 冒 宣 軍				
軍	軍				
군사 군					

※ 다음 한자의 음을 읽어 보세요.

아버지는 해軍(군) 장교로 근무하셨습니다.

훈련을 마친 軍人(군인)들이 軍(군)가를 부르며 지나가고 있습니다.

자랑스런 軍人(군인) 아저씨들이 행진합니다.

1. 다음 한자의 음과 뜻을 바르게 연결하세요.

國 ·   · 군사 ·   · 한

人 ·   · 나라 ·   · 인

軍 ·   · 한국 ·   · 국

韓 ·   · 백성 ·   · 군

民 ·   · 사람 ·   · 민

2. 보기에서 한자의 뜻과 음을 골라 쓰세요.

보기 사람, 민, 한, 나라, 백성, 군사, 군, 인, 한국, 국

3. 다음 한자의 음을 쓰세요.

(1) 軍(   )인아저씨께 위문편지를 썼습니다.

(2) 부모님과 함께 처음으로 외國(   )에 나갔습니다.

(3) 곰과 호랑이는 人(   )간이 되고 싶었습니다.

❀ 다음 한자의 음과 뜻을 익히고 써보세요.

글자 풀이　　　○ 회의(會意)문자

풀 눈이 쭉쭉 뻗치는 것(生)과 사람이 걸어서 앞으로 나가기에 먼저(先)라는 의미이다.

응용 단어

先生(선생) 스승
先王(선왕) 선대의 임금
先學(선학) 학문에서의 선배

先
먼저 선

부수	획수
儿	4

필순	ノ ー ⺧ 生 牜 先				
先	先				
먼저 선					

❀ 다음 한자의 음을 읽어 보세요.

우리나라는 先(선)조들을 모시는 풍습이 있습니다.

우리들은 先學(선학)의 가르침을 열심히 배웁니다.

校長(교장) 先生(선생)님께서 말씀하셨습니다.

� 다음 한자의 음과 뜻을 익히고 써보세요.

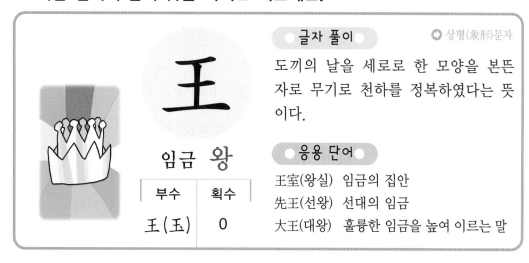

글자 풀이 ◐ 상형(象形)문자

도끼의 날을 세로로 한 모양을 본뜬 자로 무기로 천하를 정복하였다는 뜻이다.

응용 단어

王室(왕실) 임금의 집안
先王(선왕) 선대의 임금
大王(대왕) 훌륭한 임금을 높여 이르는 말

임금 왕

부수	획수
王(玉)	0

필순	一 二 干 王				
王	王				
임금 왕					

✿ 다음 한자의 음을 읽어 보세요.

우리나라 만원 지폐에 그려져 있는 분은 세종 大王(대왕)이십니다.

방학 숙제의 하나는 '王(왕)자와 거지'를 읽고 난 후, 감상문 써오기입니다.

한글날은 세종大王(대왕)이 훈민정음을 펴신 날입니다.

❀ 다음 한자의 음과 뜻을 익히고 써보세요.

大

큰 대(:)

부수	획수
大	0

◑ 글자 풀이 ○ 상형(象形)문자

사람이 크게 손과 다리를 벌리고 있는 모습에서 크다(大)는 의미이다.

◑ 응용 단어

大王(대왕) 왕의 높임말
大火(대화) 큰 화재, 큰 불
大國(대국) 크고 세력이 강한 나라
大學(대학) 가장 고급의 교육을 베푸는 학교

필순	一 ナ 大					
大	大					
큰 대						

❀ 다음 한자의 음을 읽어 보세요.

우리 집은 언덕 위에 있는 파란 大門(대문) 집입니다.

수나라 장수는 백만 大軍(대군)을 이끌고 고구려를 쳐들어 왔습니다.

철수형은 공부를 열심히 해서 大學(대학)에 합격하였습니다.

❀ 다음 한자의 음과 뜻을 익히고 써보세요.

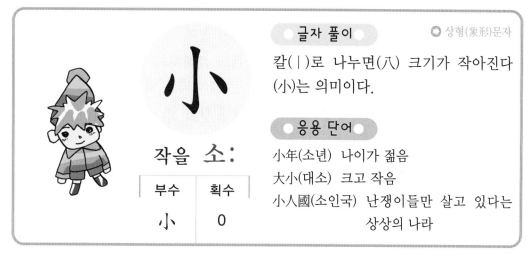

글자 풀이 ◐ 상형(象形)문자

칼(丨)로 나누면(八) 크기가 작아진다 (小)는 의미이다.

작을 소:

응용 단어

小年(소년) 나이가 젊음
大小(대소) 크고 작음
小人國(소인국) 난쟁이들만 살고 있다는
            상상의 나라

부수	획수
小	0

필순	亅 亅 小					
小	小					
작을 소						

❀ 다음 한자의 음을 읽어 보세요.

「걸리버 여행」에서 걸리버는 小人國(소인국)과 大人國(대인국)을 여행합니다.

大(대)식가이던 철수는 살을 빼려고 小(소)식을 합니다.

철수는 천자문을 다 배우고 小學(소학)을 공부하고 있습니다.

✿ 다음 한자의 음과 뜻을 익히고 써보세요.

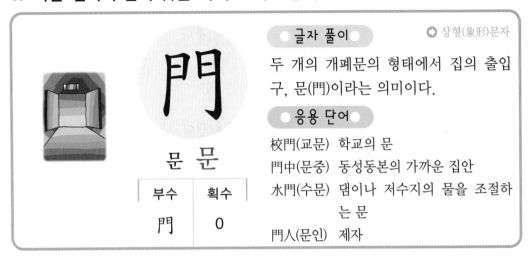

門

문 문

● 상형(象形)문자

● 글자 풀이

두 개의 개폐문의 형태에서 집의 출입구, 문(門)이라는 의미이다.

● 응용 단어

校門(교문) 학교의 문
門中(문중) 동성동본의 가까운 집안
水門(수문) 댐이나 저수지의 물을 조절하는 문
門人(문인) 제자

부수	획수
門	0

필순	丨	冂	冂	冃	冃	門	門	門
門	門							
문 문								

✿ 다음 한자의 음을 읽어 보세요.

조상들을 모시는 제사에 門中(문중) 사람들이 모두 모였습니다.

저는 선생님의 門人(문인)으로 들어가서 만화를 배우고 싶으니 받아주시기 바랍니다.

엄마 코끼리는 大門(대문) 앞에서 말했습니다.

⊘ 확인학습10 ⊘

1. 다음 한자의 음과 뜻을 바르게 연결하세요.

先 • • 문 • • 왕

門 • • 임금 • • 소

大 • • 큰 • • 문

王 • • 작을 • • 선

小 • • 먼저 • • 대

2. 보기에서 한자의 뜻과 음을 골라 쓰세요.

보기 왕, 대, 먼저, 문, 임금, 소, 선, 작을, 큰, 문

小	뜻		음	
王	뜻		음	
門	뜻		음	
大	뜻		음	
先	뜻		음	

3. 다음 한자의 음을 쓰세요

(1) 門( ) 앞에 모르는 강아지가 있습니다.

(2) 엄마는 항상 나를 '우리 王( )자님'이라고 부르십니다.

(3) 오늘 학교에서 알파벳 小( )문자를 배웠습니다.

1. 다음 한자의 뜻과 음을 쓰세요.

	뜻	음
(1) 韓 (	) (	)
(2) 軍 (	) (	)
(3) 王 (	) (	)
(4) 門 (	) (	)
(5) 民 (	) (	)

2. 다음 한자의 음을 쓰세요.

(1) 조회시간에 애國(   )가를 불렀습니다.

(2) 소영이는 백일장에서 大(   )상을 탔습니다.

(3) 先(   )생님과 함께 동물원에 갔습니다.

3. 다음 빈칸에 알맞은 한자를 예에서 골라 쓰세요.

예	①小 ②大 ③人 ④門 ⑤王

(1) 크리스마스 선물로 (   )형을 받았습니다.

(2) 큰누나는 (   )설가가 되고 싶어 합니다.

4. 다음에 알맞은 한자를 예에서 골라 그 번호를 쓰세요.

예	①先 ②人 ③軍 ④小 ⑤國

(1) 먼저 선 (   )

(2) 작을 소 (   )

(3) 나라 국 (   )

(4) 사람 인 (   )

5. 다음 글을 읽고 밑줄 친 부분의 한자의 독음을 쓰세요.

> 예 大(1)韓(2)民(3)國(4)의 국어인 한글을 만드신 분은 세종대王(5)님
> 이십니다.

(1)   (2)

(3)   (4)

(5)

6. 다음 밑줄 친 낱말에 쓰이는 한자를 예에서 찾아 그 번호를 쓰세요.

> 예 ①韓 ②軍 ③門 ④民 ⑤人

(1) 동대문과 남대문은 모두 서울에 있습니다.

(2) 형은 군인이 되고 싶어서 육군사관학교에 들어갔습니다.

(3) 피부색으로 백인과 흑인, 황색인으로 나눕니다.

7. 다음 밑줄 친 낱말 뜻에 알맞은 한자를 예에서 찾아 그 번호를 쓰세요.

> 예 ①小 ②大 ③先 ④民 ⑤教

(1) 미선이는 우리 반에서 키가 제일 작습니다.

(2) 집에 들어오면 먼저 손을 씻습니다.

(3) 아빠 손은 내 손보다 훨씬 큽니다.

8. 다음 빈칸에 알맞은 한자를 예에서 찾아 그 번호를 쓰세요.

> 예 ①民 ②大 ③先 ④人 ⑤韓 ⑥國 ⑦軍

(1) 나는 한(　　)사람입니다.
    우리나라 사람을 한(　　)족이라고 합니다.

(2) (　　)생님께서 숙제를 내주셨습니다.
    국(　　)아저씨께 편지를 썼습니다.

(3) 남(　　)에서 가장 높은 산은 한라산입니다.
    (　　)통령은 국민을 대표하는 사람입니다.

東西南北

동서남북

동쪽 서쪽 남쪽 북쪽이란 뜻으로 모든 방향을 이르는 말

漢字

(사) 한국어문회 주관 / 한국한자능력검정회 시행

해 답

확인학습 1-10

반복학습 1-5

1.

2.

	뜻	음
五	다섯	오
二	두	이

	뜻	음
一	한	일
四	넉	사

	뜻	음
三	석	삼

3. (1) 일, 삼　　(2) 오　　　(3) 사, 이

1.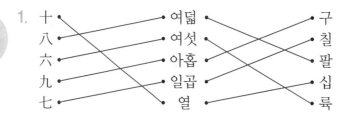

2.

	뜻	음
九	아홉	구
七	일곱	칠

	뜻	음
六	여섯	륙
十	열	십

	뜻	음
八	여덟	팔

3. (1) 구　　　　(2) 팔　　　(3) 십

1.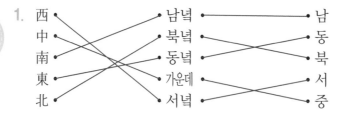

2.

	뜻	음
西	서녘	서
北	북녘	북

	뜻	음
中	가운데	중
東	동녘	동

	뜻	음
南	남녘	남

3. 　(1) 중소　　(2) 남서　　(3) 동

1.

日 — 해
山 — 메
靑 — 푸를
白 — 흰
月 — 달

월
일
산
청
백

2.

	뜻	음
靑	푸를	청
月	달	월

	뜻	음
白	흰	백
山	메	산

	뜻	음
日	해	일

3. (1) 산　　(2) 청　　(3) 월

1.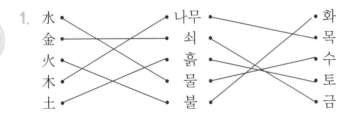

水 — 물
金 — 쇠
火 — 불
木 — 나무
土 — 흙

화
목
수
토
금

2.

	뜻	음
金	쇠	금
水	물	수

	뜻	음
火	불	화
土	흙	토

	뜻	음
木	나무	목

3. (1) 수　　(2) 토　　(3) 목

1.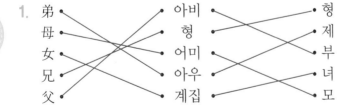

弟 — 아우
母 — 어미
女 — 계집
兄 — 형
父 — 아비

형
제
부
녀
모

2.

	뜻	음
兄	형	형
母	어미	모

	뜻	음
弟	아우	제
父	아비	부

	뜻	음
女	계집	녀

3. (1) 형　　(2) 여　　(3) 모

1.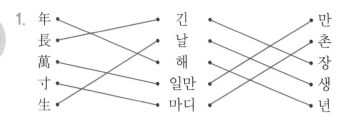

2.

	뜻	음
長	긴	장
萬	일만	만

	뜻	음
寸	마디	촌
年	해	년

	뜻	음
生	날	생

3. (1) 년　　　(2) 생　　　(3) 장

1.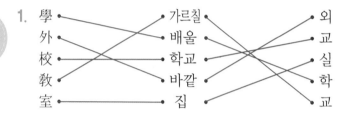

2.

	뜻	음
校	학교	교
學	배울	학

	뜻	음
室	집	실
外	바깥	외

	뜻	음
敎	가르칠	교

3. (1) 교　　　(2) 학　　　(3) 교

1.

2.

	뜻	음
民	백성	민
韓	한국	한

	뜻	음
軍	군사	군
國	나라	국

	뜻	음
人	사람	인

3. (1) 군　　　(2) 국　　　(3) 인

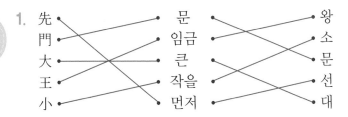

확인학습 10

1. (연결 문제)

2.

뜻	음		뜻	음		뜻	음
小	작을	소	門	문	문	先	먼저	선
王	임금	왕	大	큰	대			

3. (1) 문　　　(2) 왕　　　(3) 소

반복학습 01

1. (1) 석 삼　　(2) 다섯 오　　(3) 일곱 칠　　(4) 아홉 구　　(5) 넉 사
2. (1) 유　　(2) 이　　(3) 삼
3. (1) ①　　(2) ③
4. (1) ②　　(2) ④　　(3) ①　　(4) ③
5. (1) 십　　(2) 구　　(3) 삼　　(4) 일　　(5) 삼
　　(6) 일
6. (1) ②　　(2) ①　　(3) ⑤
7. (1) ②　　(2) ④　　(3) ①
8. (1) ⑤, ①　　(2) ②, ④

반복학습 02

1. (1) 북녘 북　　(2) 달 월　　(3) 메 산　　(4) 푸를 청　　(5) 남녘 남
2. (1) 동　　(2) 중　　(3) 백
3. (1) ⑤　　(2) ③
4. (1) ②　　(2) ④　　(3) ③　　(4) ①
5. (1) 동　　(2) 서　　(3) 북　　(4) 남
6. (1) ③　　(2) ②　　(3) ④
7. (1) ③　　(2) ⑤　　(3) ①
8. (1) ③, ④　　(2) ②, ⑤　　(3) ⑥, ①

1. (1) 쇠 금　　(2) 어미 모　　(3) 불 화　　(4) 형 형　　(5) 물 수
2. (1) 토　　(2) 여　　(3) 목
3. (1) ①　　(2) ④
4. (1) ③　　(2) ④　　(3) ②　　(4) ⑤
5. (1) 토　　(2) 부　　(3) 모　　(4) 형
6. (1) ③　　(2) ①　　(3) ⑤
7. (1) ④　　(2) ②　　(3) ⑤
8. (1) ⑤, ②　　(2) ④, ①

1. (1) 긴 장　　(2) 마디 촌　　(3) 학교 교　　(4) 해 년　　(5) 집 실
2. (1) 만　　(2) 생　　(3) 외
3. (1) ①　　(2) ⑤
4. (1) ④　　(2) ③　　(3) ⑤　　(4) ①
5. (1) 학　　(2) 교　　(3) 생　　(4) 교　　(5) 실
6. (1) ⑤　　(2) ①　　(3) ③
7. (1) ④　　(2) ①　　(3) ②
8. (1) ③, ⑦　　(2) ①, ⑤　　(3) ⑥, ②

1. (1) 한국 한　　(2) 군사 군　　(3) 임금 왕　　(4) 문 문　　(5) 백성 민
2. (1) 국　　(2) 대　　(3) 선
3. (1) ③　　(2) ①
4. (1) ①　　(2) ④　　(3) ⑤　　(4) ②
5. (1) 대　　(2) 한　　(3) 민　　(4) 국　　(5) 왕
6. (1) ③　　(2) ②　　(3) ⑤
7. (1) ①　　(2) ③　　(3) ②
8. (1) ⑥, ①　　(2) ③, ⑦　　(3) ⑤, ②

(사) 한국어문회 주관 / 한국한자능력검정회 시행

漢字

부록

최근 기출 & 실전문제

최근 기출 & 실전문제 정답

제99회 8급 기출문제 (2022. 11. 26 시행)

㈜한국어문회 주관 · 한국한자능력검정회 시행

▶ 다음 글의 ( ) 안에 있는 漢字(한자)의 讀音(독음: 읽는 소리)을 쓰세요. (1~10)

[예]

(漢) → 한

(1) (韓)반도는
(2) (三)면이
(3) (東)해,
(4) (西)해,
(5) (南)해 바다로 둘러싸였고,
(6) (北)쪽으로는
(7) (中)
(8) (國)
(9) (大)륙과 접해 있으며,
(10) (四)계절이 뚜렷합니다.

▶ 다음 訓(훈: 뜻)이나 音(음: 소리)에 알맞은 漢字(한자)를 〈보기〉에서 찾아 그 번호를 쓰세요. (11~20)

[예]

① 女   ② 金   ③ 火   ④ 長   ⑤ 母
⑥ 九   ⑦ 七   ⑧ 室   ⑨ 王   ⑩ 先

(11) 먼저

(12) 화

(13) 장

(14) 모

(15) 임금

(16) 일곱

(17) 집

(18) 녀

(19) 금

(20) 아홉

○ 다음 밑줄 친 말에 해당하는 漢字(한자)를 〈보기〉에서 찾아 그 번호를 쓰세요.
(21~30)

[예]
| ① 月 | ② 民 | ③ 軍 | ④ 校 | ⑤ 山 |
| ⑥ 二 | ⑦ 弟 | ⑧ 兄 | ⑨ 土 | ⑩ 日 |

(21) 백성은 나라의 근본입니다.

(22) 달이 유난히 밝습니다.

(23) 학교까지는 걸어서 10분이 걸립니다.

(24) 산에 단풍이 들었습니다.

(25) 제비가 흙과 지푸라기로 둥지를 짓습니다.

(26) 북이 울리자 군사들이 진군하였습니다.

(27) 두 사람은 형님 아우 하면서 친하게 지냅니다.

(28) 삼 일만에 이 책을 다 읽었습니다.

(29) 그 섬은 하루에 <u>두</u> 번씩 연락선이 운행됩니다.

(30) 나와 <u>형</u>은 눈이 아버지를 쏙 빼닮았습니다.

⬤ 다음 漢字(한자)의 訓(훈: 뜻)과 音(음: 소리)을 쓰세요. (31~40)

[예]
                                漢 → 한나라 한

(31) 十   (32) 八

(33) 靑   (34) 六

(35) 父   (36) 白

(37) 一   (38) 五

(39) 門   (40) 萬

⬤ 다음 漢字(한자)의 訓(훈: 뜻)을 〈보기〉에서 찾아 그 번호를 쓰세요. (41~44)

[예]   ① 바깥   ② 가르칠   ③ 날   ④ 작을

(41) 生

(42) 敎

(43) 外

(44) 小

다음 漢字(한자)의 음(음: 소리)을 〈보기〉에서 찾아 그 번호를 쓰세요. (45～48)

[예]　　① 목　　　　② 인　　　　③ 년　　　　④ 수

(45)　木

(46)　水

(47)　人

(48)　年

다음 漢字(한자)의 진하게 표시한 획은 몇 번째 쓰는지 〈보기〉에서 찾아 그 번호를 쓰세요. (49～50)

[예]

① 첫 번째	② 두 번째	③ 세 번째	④ 네 번째
⑤ 다섯 번째	⑥ 여섯 번째	⑦ 일곱 번째	⑧ 여덟 번째
⑨ 아홉 번째	⑩ 열 번째	⑪ 열한 번째	⑫ 열두 번째
⑬ 열세 번째	⑭ 열네 번째	⑮ 열다섯 번째	⑯ 열여섯 번째

(49)

(50)

제100회 8급 기출문제 (2023. 02. 25 시행)

㈜한국어문회 주관 · 한국한자능력검정회 시행

다음 글의 (　) 안에 있는 漢字(한자)의 讀音(독음: 읽는 소리)을 쓰세요. (1~10)

[예]

(漢) → 한

(1)　따뜻한 (五)

(2)　(月)이 되면

(3)　우리 (兄)

(4)　(弟)는

(5)　(南)

(6)　(山)에 나들이를 갑니다.

(7)　그곳에서 가끔 (外)

(8)　(國)인

(9)　(靑)

(10)　(年)들을 만납니다.

다음 訓(훈: 뜻)이나 音(음: 소리)에 알맞은 漢字(한자)를 〈보기〉에서 찾아 그 번호를 쓰세요. (11~20)

[예]

① 東　　② 學　　③ 二　　④ 六　　⑤ 九

⑥ 北　　⑦ 八　　⑧ 人　　⑨ 十　　⑩ 先

(11)　구

(12) 북녘

(13) 륙

(14) 열

(15) 먼저

(16) 사람

(17) 학

(18) 동

(19) 이

(20) 여덟

 다음 밑줄 친 말에 해당하는 漢字(한자)를 〈보기〉에서 찾아 그 번호를 쓰세요. (21~30)

[예]
| ① 三 | ② 金 | ③ 中 | ④ 校 | ⑤ 日 |
| ⑥ 王 | ⑦ 長 | ⑧ 小 | ⑨ 民 | ⑩ 敎 |

(21) 임금님 귀는 당나귀 귀.

(22) 선생님은 많은 가르침을 주십니다.

(23) 대장장이가 쇠로 농기구를 만듭니다.

(24) 날마다 일기를 씁니다.

(25) 동생은 걸어서 학교에 갑니다.

(26) 기린은 목이 긴 동물입니다.

(27) 백성은 나라의 근본입니다.

(28) 배가 강 가운데를 지납니다.

(29) 물을 연거푸 석 잔을 마셨습니다.

(30) 언니는 발이 유난히 작습니다.

다음 漢字(한자)의 訓(훈: 뜻)과 音(음: 소리)을 쓰세요. (31~40)

[예]

漢 → 한나라 한

(31) 母

(32) 火

(33) 女

(34) 西

(35) 一

(36) 土

(37) 室

(38) 大

(39) 門

(40) 軍

다음 漢字(한자)의 訓(훈: 뜻)을 〈보기〉에서 찾아 그 번호를 쓰세요. (41~44)

[예]

① 마디   ② 일곱   ③ 날   ④ 나무

(41) 生

(42) 七

(43) 木

(44) 寸

다음 漢字(한자)의 音(음: 소리)을 〈보기〉에서 찾아 그 번호를 쓰세요. (45~48)

[예]

① 백   ② 수   ③ 부   ④ 만

(45) 水

(46) 白

(47) 萬

(48) 父

다음 漢字(한자)의 진하게 표시한 획은 몇 번째 쓰는지 〈보기〉에서 찾아 그 번호를 쓰세요. (49~50)

[예]

① 첫 번째　　② 두 번째　　③ 세 번째　　④ 네 번째
⑤ 다섯 번째　⑥ 여섯 번째　⑦ 일곱 번째　⑧ 여덟 번째
⑨ 아홉 번째　⑩ 열 번째　　⑪ 열한 번째　⑫ 열두 번째
⑬ 열세 번째　⑭ 열네 번째　⑮ 열다섯 번째　⑯ 열여섯 번째
⑰ 열일곱 번째

(49) 韓

(50) 四

제101회 8급 기출문제 (2023. 06. 03 시행)

(社)한국어문회 주관 · 한국한자능력검정회 시행

➡ 다음 글의 ( ) 안에 있는 漢字(한자)의 讀音(독음: 읽는 소리)을 쓰세요. (1~10)

[예]

(漢) → 한

(1) (三)

(2) (月)

(3) (二)

(4) (日)

(5) (火)요일에 입학하는 동생을

(6) (中)

(7) (學)

(8) (生) 언니가

(9) (敎)

(10) (室)까지 데려다주었습니다.

➡ 다음 訓(훈: 뜻)이나 音(음: 소리)에 알맞은 漢字(한자)를 〈보기〉에서 찾아 그 번호를 쓰세요. (11~20)

[예]

① 白   ② 小   ③ 靑   ④ 七   ⑤ 大
⑥ 校   ⑦ 南   ⑧ 一   ⑨ 王   ⑩ 九

(11)　아홉

(12)　작을

(13)　남녘

(14)　칠

(15)　청

(16)　학교

(17)　일

(18)　백

(19)　임금

(20)　대

◯ 다음 밑줄 친 말에 해당하는 漢字(한자)를 〈보기〉에서 찾아 그 번호를 쓰세요.
(21~30)

[예]

① 弟	② 門	③ 六	④ 四	⑤ 八
⑥ 外	⑦ 萬	⑧ 國	⑨ 人	⑩ 水

(21)　담장 바깥에 꽃을 심었습니다.

(22)　어린이는 새 나라의 기둥입니다.

(23)　어머니가 만 원을 주셨습니다.

(24)　막내는 여섯 살입니다.

(25)　기철이는 착한 사람입니다.

(26)　저녁 여덟 시 뉴스가 나옵니다.

(27)　물 한 잔을 들이켰습니다.

(28) <u>문</u>을 열고 밖을 내다 봅니다.

(29) 밭에 콩 <u>넉</u> 되를 뿌렸습니다.

(30) 형과 <u>아우</u>는 우애가 좋습니다.

다음 漢字(한자)의 訓(훈: 뜻)과 音(음: 소리)을 쓰세요. (31~40)

[예]
$$漢 → 한나라 한$$

(31) 韓   (32) 寸

(33) 山   (34) 女

(35) 五   (36) 北

(37) 父   (38) 西

(39) 民   (40) 東

다음 漢字(한자)의 訓(훈: 뜻)을 〈보기〉에서 찾아 그 번호를 쓰세요. (41~44)

[예]   ① 해   ② 열   ③ 어미   ④ 형

(41) 年

(42) 兄

(43) 母

(44) 十

다음 漢字(한자)의 흡(음: 소리)을 〈보기〉에서 찾아 그 번호를 쓰세요. (45~48)

[예]
　　　① 토　　　　② 군　　　　③ 금　　　　④ 목

(45)　木

(46)　金

(47)　土

(48)　軍

다음 漢字(한자)의 진하게 표시한 획은 몇 번째 쓰는지 〈보기〉에서 찾아 그 번호를 쓰세요. (49~50)

[예]
　　　① 첫 번째　　② 두 번째　　③ 세 번째　　④ 네 번째
　　　⑤ 다섯 번째　　⑥ 여섯 번째　　⑦ 일곱 번째　　⑧ 여덟 번째
　　　⑨ 아홉 번째　　⑩ 열 번째　　⑪ 열한 번째　　⑫ 열두 번째
　　　⑬ 열세 번째

(49)　先

(50)　長

제102회 8급 기출문제 (2023. 08. 26 시행)

漢字能力檢定試驗

㈜한국어문회 주관 · 한국한자능력검정회 시행

● 다음 글의 ( ) 안에 있는 漢字(한자)의 讀音(독음: 읽는 소리)을 쓰세요. (1~10)

[예]

(漢) → 한

(1) 서울의 (四)

(2) (大)

(3) (門)

(4) (東)쪽엔 흥인지문

(5) (西)쪽엔 돈의문

(6) (南)쪽엔 숭례문

(7) 경복궁 (北)쪽엔

(8) (靑)와대

(9) 지금은 (國)

(10) (民) 품으로

● 다음 訓(훈: 뜻)이나 音(음: 소리)에 알맞은 漢字(한자)를 〈보기〉에서 찾아 그 번호를 쓰세요. (11~20)

[예]

| ① 六 | ② 金 | ③ 年 | ④ 寸 | ⑤ 七 |
| ⑥ 三 | ⑦ 軍 | ⑧ 女 | ⑨ 土 | ⑩ 九 |

(11) 셋

(12) 아홉

(13) 여섯

(14) 쇠

(15) 년

(16) 흙

(17) 마디

(18) 여자

(19) 군인

(20) 칠

다음 밑줄 친 말에 해당하는 漢字(한자)를 〈보기〉에서 찾아 그 번호를 쓰세요.
(21~30)

[예]
① 室　　② 敎　　③ 一　　④ 中　　⑤ 王
⑥ 人　　⑦ 二　　⑧ 十　　⑨ 弟　　⑩ 八

(21) 여러 방면에 능통한 사람을

(22) 팔방미인이라고 부른다.

(23) 호텔에는 두 사람이

(24) 묵을 수 있는 방이

(25) 열 개 남아 있다.

(26) 그는 임금을

(27) 가르치는

(28) 벼슬아치 <u>가운데</u>

(29) <u>한</u> 사람으로

(30) 영의정의 <u>동생</u>이다.

다음 漢字(한자)의 訓(훈: 뜻)과 音(음: 소리)을 쓰세요. (31~40)

[예]

漢 → 한나라 한

(31) 長 (32) 學

(33) 萬 (34) 月

(35) 日 (36) 火

(37) 白 (38) 校

(39) 母 (40) 兄

다음 漢字(한자)의 訓(훈: 뜻)을 〈보기〉에서 찾아 그 번호를 쓰세요. (41~44)

[예]

① 뫼   ② 바깥   ③ 나무   ④ 아비

(41) 木

(42) 外

(43) 山

(44) 父

다음 漢字(한자)의 音(음: 소리)을 〈보기〉에서 찾아 그 번호를 쓰세요. (45~48)

[예]　　　① 한　　　　② 수　　　　③ 생　　　　④ 선

(45)　生

(46)　先

(47)　水

(48)　韓

다음 漢字(한자)의 진하게 표시한 획은 몇 번째 쓰는지 〈보기〉에서 찾아 그 번호를 쓰세요. (49~50)

[예]　① 첫 번째　　② 두 번째　　③ 세 번째　　④ 네 번째
　　　⑤ 다섯 번째　⑥ 여섯 번째　⑦ 일곱 번째　⑧ 여덟 번째
　　　⑨ 아홉 번째

(49)　軍

(50)　年

제103회 8급 기출문제 (2023. 11. 11 시행)

㈜한국어문회 주관 · 한국한자능력검정회 시행

◐ 다음 글의 ( ) 안에 있는 漢字(한자)의 讀音(독음: 읽는 소리)을 쓰세요. (1~10)

[예]

(漢) → 한

(1) (外) (2) (四)

(3) (寸) (4) (兄)은

(5) 내(年) (6) (三)

(7) (月)에 (8) (中)

(9) (學) (10) (校)에 들어갑니다.

◐ 다음 訓(훈: 뜻)이나 音(음: 소리)에 알맞은 漢字(한자)를 〈보기〉에서 찾아 그 번호를 쓰세요. (11~20)

[예]

① 父   ② 先   ③ 母   ④ 軍   ⑤ 女
⑥ 室   ⑦ 七   ⑧ 一   ⑨ 土   ⑩ 人

(11) 군 (12) 흙

(13) 선 (14) 한

(15) 사람 (16) 녀

(17) 일곱 (18) 부

(19) 집 (20) 모

다음 밑줄 친 말에 해당하는 漢字(한자)를 〈보기〉에서 찾아 그 번호를 쓰세요. (21~30)

[예]

① 門　　② 六　　③ 九　　④ 弟　　⑤ 韓
⑥ 王　　⑦ 十　　⑧ 民　　⑨ 靑　　⑩ 小

(21) 넓고 푸른 바다가 펼쳐집니다.

(22) 어느 덧 아홉 시가 되었습니다.

(23) 모두 열 명입니다.

(24) 성 안의 모든 백성들이 힘을 모았습니다.

(25) 환기를 위해 문을 잠시 열어두겠습니다.

(26) 오늘은 동생과 놀이터에 가기로 했습니다.

(27) 거문고는 여섯 줄로 된 악기입니다.

(28) 제 키가 더 작습니다.

(29) 이 물건은 임금께서 내리신 것이라고 합니다.

(30) 어제 축구경기는 한국이 승리했습니다.

다음 漢字(한자)의 訓(훈: 뜻)과 音(음: 소리)을 쓰세요. (31~40)

[예]

漢 → 한나라 한

(31) 木　　　(32) 南　　　(33) 日

(34) 五　　　(35) 生　　　(36) 白

(37) 敎　　　(38) 萬　　　(39) 二

(40) 火

➡ 다음 漢字(한자)의 訓(훈: 뜻)을 〈보기〉에서 찾아 그 번호를 쓰세요. (41~44)

[예] ① 큰   ② 나라   ③ 서녘   ④ 물

(41) 西   (42) 國

(43) 大   (44) 水

➡ 다음 漢字(한자)의 音(음: 소리)을 〈보기〉에서 찾아 그 번호를 쓰세요. (45~48)

[예] ① 팔   ② 금   ③ 산   ④ 북

(45) 北   (46) 金

(47) 八   (48) 山

➡ 다음 漢字(한자)의 진하게 표시한 획은 몇 번째 쓰는지 〈보기〉에서 찾아 그 번호를 쓰세요. (49~50)

[예] ① 첫 번째   ② 두 번째   ③ 세 번째   ④ 네 번째
     ⑤ 다섯 번째 ⑥ 여섯 번째 ⑦ 일곱 번째 ⑧ 여덟 번째

(49)

(50)

㈜한국어문회 주관 · 한국한자능력검정회 시행

다음 글의 ( ) 안에 있는 漢字(한자)의 讀音(독음: 읽는 소리)을 쓰세요. (1~10)

[예]
(漢) → 한

(1) 국보 (一)호인
(2) (南)
(3) (大)
(4) (門)으로 가기 위해
(5) (山)을 내려가다 보니
(6) (東)쪽에
(7) (學)
(8) (校)와 그 안에
(9) (敎)
(10) (室)이 보였다.

다음 訓(훈: 뜻)이나 音(음: 소리)에 알맞은 漢字(한자)를 〈보기〉에서 찾아 그 번호를 쓰세요. (11~20)

[예]
① 年   ② 九   ③ 國   ④ 生   ⑤ 金
⑥ 軍   ⑦ 韓   ⑧ 六   ⑨ 萬   ⑩ 寸

(11) 생
(12) 한
(13) 국
(14) 군
(15) 쇠
(16) 마디
(17) 륙
(18) 아홉
(19) 해
(20) 만

▶ 다음 밑줄 친 말에 해당하는 漢字(한자)를 〈보기〉에서 찾아 그 번호를 쓰세요. (21~30)

[예]

| ① 靑 | ② 父 | ③ 白 | ④ 先 | ⑤ 十 |
| ⑥ 外 | ⑦ 人 | ⑧ 日 | ⑨ 西 | ⑩ 四 |

(21) 서쪽 하늘이 붉게 물들었다.

(22) 먼저 태어난

(23) 사람

(24) 네 명이 들어왔다.

(25) 오늘은 일이 시작된 지 열 번째

(26) 날이다.

(27) 아버지가

(28) 밖에서 들어오셨다.

(29) 푸른 색과

(30) 흰색으로 팀을 나누어 체육대회를 치렀다.

▶ 다음 漢字(한자)의 訓(훈: 뜻)과 音(음: 소리)을 쓰세요. (31~40)

[예]

漢 → 한나라 한

(31) 弟	(32) 中	(33) 七
(34) 火	(35) 土	(36) 八
(37) 兄	(38) 民	(39) 木
(40) 女		

다음 漢字(한자)의 訓(훈: 뜻)을 〈보기〉에서 찾아 그 번호를 쓰세요. (41~44)

[예]
　　① 다섯　　　② 임금　　　③ 긴　　　　④ 물

(41) 長　　　　　　(42) 王　　　　　　(43) 水
(44) 五

다음 漢字(한자)의 音(음: 소리)을 〈보기〉에서 찾아 그 번호를 쓰세요. (45~48)

[예]
　　① 삼　　　　② 소　　　　③ 월　　　　④ 이

(45) 月　　　　　　(46) 三　　　　　　(47) 小
(48) 二

다음 漢字(한자)의 진하게 표시한 획은 몇 번째 쓰는지 〈보기〉에서 찾아 그 번호를 쓰세요. (49~50)

[예]
　　① 첫 번째　　　② 두 번째　　　③ 세 번째
　　④ 네 번째　　　⑤ 다섯 번째

(49)  母

(50) 北

제105회 8급 기출문제 (2024. 05. 25 시행)

㈜한국어문회 주관 · 한국한자능력검정회 시행

➡ 다음 글의 ( ) 안에 있는 漢字(한자)의 讀音(독음: 읽는 소리)을 쓰세요. (1~10)

[예]
(漢) → 한

(1) (學)

(2) (生) 여러분,

(3) (大)

(4) (韓)

(5) (民)

(6) (國)의

(7) (東)쪽 끝은 독도이고,

(8) (西)쪽 끝은 백령도,

(9) (南)쪽 끝은 마라도,

(10) (北)쪽 끝은 고성군입니다.

➡ 다음 訓(훈: 뜻)이나 音(음: 소리)에 알맞은 漢字(한자)를 〈보기〉에서 찾아 그 번호를 쓰세요. (11~20)

[예]
① 萬   ② 三   ③ 校   ④ 長   ⑤ 王
⑥ 弟   ⑦ 小   ⑧ 火   ⑨ 五   ⑩ 土

(11) 흙

(12) 작을

(13) 왕

(14) 만

(15) 장

(16) 아우

(17) 삼

(18) 불

(19) 다섯

(20) 교

 다음 밑줄 친 말에 해당하는 漢字(한자)를 〈보기〉에서 찾아 그 번호를 쓰세요.
(21~30)

[예]

| ① 白 | ② 門 | ③ 人 | ④ 八 | ⑤ 敎 |
| ⑥ 一 | ⑦ 十 | ⑧ 木 | ⑨ 山 | ⑩ 日 |

(21) 넷 더하기 넷은 여덟입니다.

(22) 새들이 나무 위에서 지저귑니다.

(23) 똑, 똑, 똑, 문 두드리는 소리가 납니다.

(24) 장터에는 5일마다 장이 섭니다.

(25) 동생은 밤 열 시에 잠을 잡니다.

(26) 두둥실 흰구름이 떠갑니다.

(27) 사과를 한 개씩 나누어 먹었습니다.

(28) 나무꾼은 마음씨가 착한 <u>사람</u>이었습니다.

(29) 아이들에게 참된 삶을 <u>가르쳐</u>야 합니다.

(30) 지금 <u>산</u>에는 진달래가 한창입니다.

▶ 다음 漢字(한자)의 訓(훈: 뜻)과 音(음: 소리)을 쓰세요. (31~40)

[예]   漢 → 한나라 한

(31) 七   (32) 水

(33) 軍   (34) 六

(35) 二   (36) 寸

(37) 靑   (38) 中

(39) 四   (40) 室

▶ 다음 漢字(한자)의 訓(훈: 뜻)을 〈보기〉에서 찾아 그 번호를 쓰세요. (41~44)

[예]   ① 어미   ② 해   ③ 계집   ④ 아홉

(41) 女

(42) 母

(43) 年

(44) 九

다음 漢字(한자)의 흡(음: 소리)을 〈보기〉에서 찾아 그 번호를 쓰세요. (45~48)

[예]
　　① 선　　　　② 외　　　　③ 금　　　　④ 월

(45)　月

(46)　金

(47)　外

(48)　先

다음 漢字(한자)의 진하게 표시한 획은 몇 번째 쓰는지 〈보기〉에서 찾아 그 번호를 쓰세요. (49~50)

[예]
　　① 첫 번째　　　② 두 번째　　　③ 세 번째
　　④ 네 번째　　　⑤ 다섯 번째

(49)　父

(50)　兄

漢字能力檢定試驗

㈜한국어문회 주관 · 한국한자능력검정회 시행

⬀ 다음 글을 읽고 밑줄 친 한자어(漢字語)나 한자(漢字)의 독음(讀音)을 쓰세요. (1~15)

[예]

音 → 음

> 　　저는 (1)學(2)校에 가는 (3)中입니다. (4)先(5)生님 말씀도 잘 듣고 (6)父(7)母님 말씀도 잘 듣겠습니다. (8)兄과도 사이좋게 지내겠습니다. 새 (9)敎(10)室이 어떻게 생겼는지도 궁금합니다. 제가 다니는 學校는 (11)南(12)大(13)門 가까이에 있습니다. 大(14)韓(15)民國의 한 가운데입니다.

(1) 學   (2) 校

(3) 中   (4) 先

(5) 生   (6) 父

(7) 母   (8) 兄

(9) 敎   (10) 室

(11) 南   (12) 大

(13) 門   (14) 韓

(15) 民

다음에 알맞은 한자(漢字)를 예(例)에서 골라 그 번호를 쓰세요. (16~32)

[예]

① 王	② 年	③ 一	④ 山	⑤ 寸
⑥ 三	⑦ 九	⑧ 二	⑨ 十	⑩ 四
⑪ 靑	⑫ 六	⑬ 五	⑭ 外	⑮ 八
⑯ 七	⑰ 白	⑱ 生		

(16) 한 일

(17) 두 이

(18) 석 삼

(19) 넉 사

(20) 다섯 오

(21) 여섯 육

(22) 일곱 칠

(23) 여덟 팔

(24) 아홉 구

(25) 열 십

(26) 해 년

(27) 푸를 청

(28) 흰 백

(29) 바깥 외

(30) 메 산

(31) 임금 왕

(32) 마디 촌

다음 한자(漢字)의 훈(訓:뜻)과 음(音:소리)을 쓰세요. (33~43)

[예]

音 → 소리 음

(33) 東

(34) 西

(35)　北　　　　　　　　　(36)　月

(37)　火　　　　　　　　　(38)　水

(39)　木　　　　　　　　　(40)　金

(41)　土　　　　　　　　　(42)　日

(43)　軍

⊙ 다음 밑줄 친 낱말의 뜻에 알맞은 한자(漢字)를 예(例)에서 찾아 그 번호를
쓰세요. (44~48)

[예]　　① 女　　　　　　② 萬　　　　　　③ 小
　　　　④ 人　　　　　　⑤ 長

　　(44)작은 (45)사람들이 (46)만 명이나 서로 손을 잡고 길가에
(47)길게 이어져 있습니다. 그 중에는 (48)여자들도 있습니다.

(44)　작은
(45)　사람
(46)　만
(47)　길게
(48)　여자

다음 漢字(한자)의 진하게 표시한 획은 몇 번째 쓰는지 〈보기〉에서 찾아 그 번호를 쓰세요. (49~50)

[예]

① 첫 번째   ② 두 번째   ③ 세 번째
④ 네 번째   ⑤ 다섯 번째   ⑥ 여섯 번째
⑦ 일곱 번째   ⑧ 여덟 번째   ⑨ 아홉 번째

(49) 南

(50) 母

㈜한국어문회 주관 · 한국한자능력검정회 시행

➡ 다음 글을 읽고 밑줄 친 한자어(漢字語)나 한자(漢字)의 독음(讀音:읽는 소리)을 쓰세요. (1~14)

[예]

漢字 → 한자

> ※ 삼(1)月 일(2)日은 (3)三(4)一절입니다. 이 날은 (5)學(6)校에 가지 않지만, 태극기를 답니다.
>
> ※ (7)八월 (8)十(9)五일은 광복절입니다. (10)國(11)民들은 이 날을 축하합니다.
>
> ※ 태극기를 바라보며 (12)萬세를 불렀습니다.
>
> ※ (13)四(14)寸형은 키가 큽니다.

(1) 月   (2) 日

(3) 三   (4) 一

(5) 學   (6) 校

(7) 八   (8) 十

(9) 五   (10) 國

(11) 民   (12) 萬

(13) 四   (14) 寸

다음 한자(漢字)의 훈(訓:뜻)과 음(音:소리)을 쓰세요. (16~23)

[예]   音 → 소리 음

(15) 敎   (16) 金

(17) 女   (18) 東

(19) 火   (20) 韓

(21) 南   (22) 土

(23) 長

다음 漢字(한자)의 진하게 표시한 획은 몇 번째 쓰는지 〈보기〉에서 찾아 그 번호를 쓰세요. (24~25)

[예]   ① 첫 번째   ② 두 번째   ③ 세 번째
      ④ 네 번째   ⑤ 다섯 번째   ⑥ 여섯 번째
      ⑦ 일곱 번째   ⑧ 여덟 번째   ⑨ 아홉 번째

(24)

(25)

다음에 알맞은 한자(漢字)를 예(例)에서 골라 그 번호를 쓰세요. (26~35)

[예]

① 靑	② 室	③ 西	④ 六
⑤ 七	⑥ 外	⑦ 中	⑧ 水
⑨ 弟	⑩ 白	⑪ 門	⑫ 生

(26) 여섯 륙   (27) 아우 제

(28) 바깥 외   (29) 가운데 중

(30) 집 실   (31) 푸를 청

(32) 일곱 칠   (33) 서녘 서

(34) 흰 백   (35) 물 수

다음 밑줄 친 낱말 뜻에 알맞은 한자(漢字)를 예(例)에서 찾아 그 번호를 쓰세요. (36~40)

[예]

| ① 北 | ② 山 | ③ 母 |
| ④ 木 | ⑤ 父 | ⑥ 靑 |

　　민아는 추석에 (36)아버지 (37)어머니와 차를 타고 (38)산에 갔습니다. 산 위에서 (39)나무가 자라는 (40)북녘 골짜기를 쳐다보았습니다.

(36) 아버지   (37) 어머니

(38) 산   (39) 나무

(40) 북녘

아래의 밑줄 친 글자에 맞는 한자(漢字)를 예(例)에서 골라 그 번호를 쓰세요. (41 ~45)

[예]
① 軍	② 國	③ 長	④ 韓	⑤ 生
⑥ 金	⑦ 大	⑧ 門	⑨ 民	⑩ 年

(41) 큰 이모는 대학생입니다.

(42) 군인 아저씨께 편지를 썼습니다.

(43) 우리나라는 대한민국입니다.

(44) 동 동 동 동대문을 열어라.

(45) 삼 년 고개라는 글을 읽었습니다.

다음 글자들은 무슨 뜻이며 어떤 소리(음)로 읽을까요? 예(例)에서 골라 그 번호를 써 넣으세요. (46~50)

[예]
① 선	② 일	③ 사람
④ 둘	⑤ 대	⑥ 아홉
⑦ 크다	⑧ 고	

(46) 九는 (   )이라는 뜻입니다.

(47) 先은 (   )이라고 읽습니다.

(48) 人은 (   )을 나타냅니다.

(49) 二는 (   )을 가리킵니다.

(50) 大는 (   )라는 뜻입니다.

제99회 8급 기출문제 답안지

■ 사단법인 한국어문회 • 한국한자능력검정회   2022. 11. 26. (토)   8 0 1 ■

수험번호 □□□-□□-□□□□   성명 □□□□□

생년월일 □□□□□□   ※ 유성 싸인펜, 붉은색 필기구 사용 불가.

※ 답안지는 컴퓨터로 처리되므로 구기거나 더럽히지 마시고, 정답 칸 안에만 쓰십시오.
　 글씨가 채점란으로 들어오면 오답처리가 됩니다.

제99회 전국한자능력검정시험 8급 답안지(1)

번호	정답	1검	2검	번호	정답	1검	2검
1	한			13	④ 長		
2	삼			14	⑤ 母		
3	동			15	⑨ 王		
4	서			16	⑦ 七		
5	남			17	⑧ 室		
6	북			18	① 女		
7	중			19	② 金		
8	국			20	⑥ 九		
9	대			21	② 民		
10	사			22	① 月		
11	⑩ 先			23	④ 校		
12	③ 火			24	⑤ 山		

감독위원	채점위원(1)		채점위원(2)		채점위원(3)	
(서명)	(득점)	(서명)	(득점)	(서명)	(득점)	(서명)

※ 본 답안지는 컴퓨터로 처리되므로 구겨지거나 더럽혀지지 않도록 조심하시고 글씨를 칸 안에 또박또박 쓰십시오.

제99회 전국한자능력검정시험 8급 답안지(2)

번호	정답	1검	2검	번호	정답	1검	2검
25	⑨ 土			38	다섯 오		
26	③ 軍			39	문 문		
27	⑦ 弟			40	일만 만		
28	⑩ 日			41	③ 날		
29	⑥ 二			42	② 가르칠		
30	⑧ 兄			43	① 바깥		
31	열 십			44	④ 작을		
32	여덟 팔			45	① 목		
33	푸를 청			46	④ 수		
34	여섯 륙			47	② 인		
35	아비 부			48	③ 년		
36	흰 백			49	②		
37	한 일			50	⑬		

제100회 8급 기출문제 답안지

■ 사단법인 한국어문회 · 한국한자능력검정회 　　　　2023. 02. 25. (토) 　　　8 0 1 ■

수험번호 □□□-□□-□□□□ 　　　성명 □□□□□

생년월일 □□□□□□ 　　※ 유성 싸인펜, 붉은색 필기구 사용 불가.

※ 답안지는 컴퓨터로 처리되므로 구기거나 더럽히지 마시고, 정답 칸 안에만 쓰십시오.
　　글씨가 채점란으로 들어오면 오답처리가 됩니다.

제100회 전국한자능력검정시험 8급 답안지(1)

번호	정답	1검	2검	번호	정답	1검	2검
1	오			13	④ 六		
2	월			14	⑨ 十		
3	형			15	⑩ 先		
4	제			16	⑧ 人		
5	남			17	② 學		
6	산			18	① 東		
7	외			19	③ 二		
8	국			20	⑦ 八		
9	청			21	⑥ 王		
10	년			22	⑩ 教		
11	⑤ 九			23	② 金		
12	⑥ 北			24	⑤ 日		

감독위원	채점위원(1)		채점위원(2)		채점위원(3)	
(서명)	(득점)	(서명)	(득점)	(서명)	(득점)	(서명)

※ 본 답안지는 컴퓨터로 처리되므로 구겨지거나 더렵혀지지 않도록 조심하시고 글씨를 칸 안에 또박또박 쓰십시오.

제100회 전국한자능력검정시험 8급 답안지(2)

번호	정답	1검	2검	번호	정답	1검	2검
	답안란	채점란			답안란	채점란	
25	④ 校			38	큰 대		
26	⑦ 長			39	문 문		
27	⑨ 民			40	군사 군		
28	③ 中			41	③ 날		
29	① 三			42	② 일곱		
30	⑧ 小			43	④ 나무		
31	어미 모			44	① 마디		
32	불 화			45	② 수		
33	계집 녀			46	① 백		
34	서녘 서			47	④ 만		
35	한 일			48	③ 부		
36	흙 토			49	⑰		
37	집 실			50	④		

제101회 8급 기출문제 답안지

■ 사단법인 한국어문회 • 한국한자능력검정회　　　　2023. 06. 03. (토)　　　8 0 1 ■

수험번호	□□□ - □□ - □□□□	성명 □□□□□
생년월일	□□□□□□	※ 유성 싸인펜, 붉은색 필기구 사용 불가.

※ 답안지는 컴퓨터로 처리되므로 구기거나 더럽히지 마시고, 정답 칸 안에만 쓰십시오.
　 글씨가 채점란으로 들어오면 오답처리가 됩니다.

제101회 전국한자능력검정시험 8급 답안지(1)

번호	답안란 정답	채점란 1검	채점란 2검	번호	답안란 정답	채점란 1검	채점란 2검
1	삼			13	⑦ 南		
2	월			14	④ 七		
3	이			15	③ 靑		
4	일			16	⑥ 校		
5	화			17	⑧ 一		
6	중			18	① 白		
7	학			19	⑨ 王		
8	생			20	⑤ 大		
9	교			21	⑥ 外		
10	실			22	⑧ 國		
11	⑩ 九			23	⑦ 萬		
12	② 小			24	③ 六		

감독위원	채점위원(1)		채점위원(2)		채점위원(3)	
(서명)	(득점)	(서명)	(득점)	(서명)	(득점)	(서명)

※ 본 답안지는 컴퓨터로 처리되므로 구겨지거나 더럽혀지지 않도록 조심하시고 글씨를 칸 안에 또박또박 쓰십시오.

제101회 전국한자능력검정시험 8급 답안지(2)

번호	정답	1검	2검	번호	정답	1검	2검
25	⑨ 人			38	서녘 서		
26	⑤ 八			39	백성 민		
27	⑩ 水			40	동녘 동		
28	② 門			41	① 해		
29	④ 四			42	④ 형		
30	① 弟			43	③ 어미		
31	한국/나라 한			44	② 열		
32	마디 촌			45	④ 목		
33	메 산			46	③ 금		
34	계집 녀			47	① 토		
35	다섯 오			48	② 군		
36	북녘 북 | 달아날 배			49	⑤		
37	아비 부			50	⑦		

제102회 8급 기출문제 답안지

■ 사단법인 한국어문회 • 한국한자능력검정회 　　　　2023. 08. 26. (토) 　　　8 0 1 ■

수험번호 ☐☐☐-☐☐-☐☐☐☐　　　　　　성명 ☐☐☐☐☐

생년월일 ☐☐☐☐☐☐ 　※ 유성 싸인펜, 붉은색 필기구 사용 불가.

※ 답안지는 컴퓨터로 처리되므로 구기거나 더럽히지 마시고, 정답 칸 안에만 쓰십시오.
　글씨가 채점란으로 들어오면 오답처리가 됩니다.

제102회 전국한자능력검정시험 8급 답안지(1)

번호	정답	1검	2검	번호	정답	1검	2검
1	사			13	①		
2	대			14	②		
3	문			15	③		
4	동			16	⑨		
5	서			17	④		
6	남			18	⑧		
7	북			19	⑦		
8	청			20	⑤		
9	국			21	⑥		
10	민			22	⑩		
11	⑥			23	⑦		
12	⑩			24	①		

감독위원	채점위원(1)		채점위원(2)		채점위원(3)	
(서명)	(득점)	(서명)	(득점)	(서명)	(득점)	(서명)

※ 본 답안지는 컴퓨터로 처리되므로 구겨지거나 더렵혀지지 않도록 조심하시고 글씨를 칸 안에 또박또박 쓰십시오.

제102회 전국한자능력검정시험 8급 답안지(2)

번호	정답	1검	2검	번호	정답	1검	2검
25	⑧			38	학교 교		
26	⑤			39	어미 모		
27	②			40	형 형		
28	④			41	③		
29	③			42	②		
30	⑨			43	①		
31	긴 장			44	④		
32	배울 학			45	③		
33	일만 만			46	④		
34	달 월			47	②		
35	날 일			48	①		
36	불 화			49	⑨		
37	흰 백			50	③		

제103회 8급 기출문제 답안지

■ 사단법인 한국어문회 • 한국한자능력검정회　　　2023. 11. 11. (토)　　　8 0 1 ■

수험번호 □□□ - □□ - □□□□　　　　성명 □□□□□

생년월일 □□□□□□　　※ 유성 싸인펜, 붉은색 필기구 사용 불가.

※ 답안지는 컴퓨터로 처리되므로 구기거나 더럽히지 마시고, 정답 칸 안에만 쓰십시오.
　　글씨가 채점란으로 들어오면 오답처리가 됩니다.

제103회 전국한자능력검정시험 8급 답안지(1)

번호	정답	1검	2검	번호	정답	1검	2검
1	외			13	② 先		
2	사			14	⑧ 一		
3	촌			15	⑩ 人		
4	형			16	⑤ 女		
5	년			17	⑦ 七		
6	삼			18	① 父		
7	월			19	⑥ 室		
8	중			20	③ 母		
9	학			21	⑨ 靑		
10	교			22	③ 九		
11	④ 軍			23	⑦ 十		
12	⑨ 土			24	⑧ 民		

감독위원	채점위원(1)		채점위원(2)		채점위원(3)	
(서명)	(득점)	(서명)	(득점)	(서명)	(득점)	(서명)

※ 본 답안지는 컴퓨터로 처리되므로 구겨지거나 더럽혀지지 않도록 조심하시고 글씨를 칸 안에 또박또박 쓰십시오.

제103회 전국한자능력검정시험 8급 답안지(2)

번호	정답	1검	2검	번호	정답	1검	2검
25	① 門			38	일만 만		
26	④ 弟			39	두 이		
27	② 六			40	불 화		
28	⑩ 小			41	③ 서녘		
29	⑥ 王			42	② 나라		
30	⑤ 韓			43	① 큰		
31	나무 목			44	④ 물		
32	남녘 남			45	④ 북		
33	날 일			46	② 금		
34	다섯 오			47	① 팔		
35	날 생			48	③ 산		
36	흰 백			49	⑦ 일곱 번째		
37	가르칠 교			50	⑧ 여덟 번째		

제104회 8급 기출문제 답안지

■ 사단법인 한국어문회 • 한국한자능력검정회   2024. 02. 24. (토)   8 0 1 ■

수험번호 □□□-□□-□□□□   성명 □□□□□

생년월일 □□□□□□   ※ 유성 싸인펜, 붉은색 필기구 사용 불가.

※ 답안지는 컴퓨터로 처리되므로 구기거나 더럽히지 마시고, 정답 칸 안에만 쓰십시오.
글씨가 채점란으로 들어오면 오답처리가 됩니다.

제104회 전국한자능력검정시험 8급 답안지(1)

번호	정답	1검	2검	번호	정답	1검	2검
1	일			13	③		
2	남			14	⑥		
3	대			15	⑤		
4	문			16	⑩		
5	산			17	⑧		
6	동			18	②		
7	학			19	①		
8	교			20	⑨		
9	교			21	⑨		
10	실			22	④		
11	④			23	⑦		
12	⑦			24	⑩		

감독위원	채점위원(1)		채점위원(2)		채점위원(3)	
(서명)	(득점)	(서명)	(득점)	(서명)	(득점)	(서명)

※ 본 답안지는 컴퓨터로 처리되므로 구겨지거나 더럽혀지지 않도록 조심하시고 글씨를 칸 안에 또박또박 쓰십시오.

제104회 전국한자능력검정시험 8급 답안지(2)

번호	정답	1검	2검	번호	정답	1검	2검
25	⑤			38	백성 민		
26	⑧			39	나무 목		
27	②			40	계집 녀		
28	⑥			41	③		
29	①			42	②		
30	③			43	④		
31	아우 제			44	①		
32	가운데 중			45	③		
33	일곱 칠			46	①		
34	불 화			47	②		
35	흙 토			48	④		
36	여덟 팔			49	⑤		
37	형 형			50	④		

제105회 8급 기출문제 답안지

■ 사단법인 한국어문회 • 한국한자능력검정회　　　　2024. 05. 25. (토)　　　8 0 1 ■

수험번호 □□□-□□-□□□□　　　　　　　성명 □□□□□

생년월일 □□□□□□　　※ 유성 싸인펜, 붉은색 필기구 사용 불가.

※ 답안지는 컴퓨터로 처리되므로 구기거나 더럽히지 마시고, 정답 칸 안에만 쓰십시오.
　글씨가 채점란으로 들어오면 오답처리가 됩니다.

제105회 전국한자능력검정시험 8급 답안지(1)

번호	정답	1검	2검	번호	정답	1검	2검
1	학			13	⑤		
2	생			14	①		
3	대			15	④		
4	한			16	⑥		
5	민			17	②		
6	국			18	⑧		
7	동			19	⑨		
8	서			20	③		
9	남			21	④		
10	북			22	⑧		
11	⑩			23	②		
12	⑦			24	⑩		

감독위원	채점위원(1)		채점위원(2)		채점위원(3)	
(서명)	(득점)	(서명)	(득점)	(서명)	(득점)	(서명)

※ 본 답안지는 컴퓨터로 처리되므로 구겨지거나 더럽혀지지 않도록 조심하시고 글씨를 칸 안에 또박또박 쓰십시오.

제105회 전국한자능력검정시험 8급 답안지(2)

번호	정답	1검	2검	번호	정답	1검	2검
25	⑦			38	가운데 중		
26	①			39	넉 사		
27	⑥			40	집 실		
28	③			41	③		
29	⑤			42	①		
30	⑨			43	②		
31	일곱 칠			44	④		
32	물 수			45	④		
33	군사 군			46	③		
34	여섯 륙			47	②		
35	두 이			48	①		
36	마디 촌			49	④		
37	푸를 청			50	⑤		

제1회 8급 실전문제 답안지

■ 사단법인 한국어문회 • 한국한자능력검정회　　　　　　　　8 0 1 ■

수험번호 ☐☐☐-☐☐-☐☐☐☐　　　　성명 ☐☐☐☐☐

생년월일 ☐☐☐☐☐☐　　※ 유성 싸인펜, 붉은색 필기구 사용 불가.

※ 답안지는 컴퓨터로 처리되므로 구기거나 더럽히지 마시고, 정답 칸 안에만 쓰십시오.
글씨가 채점란으로 들어오면 오답처리가 됩니다.

제1회 전국한자능력검정시험 8급 실전문제 답안지(1)

번호	답안란 정답	채점란 1검	채점란 2검	번호	답안란 정답	채점란 1검	채점란 2검
1	학			13	문		
2	교			14	한		
3	중			15	민		
4	선			16	③		
5	생			17	⑧		
6	부			18	⑥		
7	모			19	⑩		
8	형			20	⑬		
9	교			21	⑫		
10	실			22	⑯		
11	남			23	⑮		
12	대			24	⑦		

감독위원	채점위원(1)		채점위원(2)		채점위원(3)	
(서명)	(득점)	(서명)	(득점)	(서명)	(득점)	(서명)

※ 본 답안지는 컴퓨터로 처리되므로 구겨지거나 더럽혀지지 않도록 조심하시고 글씨를 칸 안에 또박또박 쓰십시오.

제1회 전국한자능력검정시험 8급 실전문제 답안지(2)

번호	정답	1검	2검	번호	정답	1검	2검
	답안란	채점란			답안란	채점란	
25	⑨			38	물 수		
26	②			39	나무 목		
27	⑪			40	쇠 금/성 김		
28	⑰			41	흙 토		
29	⑭			42	날 일		
30	④			43	군사 군		
31	①			44	③		
32	⑤			45	④		
33	동녘 동			46	②		
34	서녘 서			47	⑤		
35	북녘 북			48	①		
36	달 월			49	④		
37	불 화			50	③		

제2회 8급 실전문제 답안지

■ 사단법인 한국어문회 • 한국한자능력검정회　　　　8 0 1 ■

수험번호 □□□-□□-□□□□　　　　성명 □□□□□

생년월일 □□□□□□　　※ 유성 싸인펜, 붉은색 필기구 사용 불가.

※ 답안지는 컴퓨터로 처리되므로 구기거나 더럽히지 마시고, 정답 칸 안에만 쓰십시오.
　글씨가 채점란으로 들어오면 오답처리가 됩니다.

제2회 전국한자능력검정시험 8급 실전문제 답안지(1)

번호	정답	1검	2검	번호	정답	1검	2검
1	월			13	사		
2	일			14	촌		
3	삼			15	가르칠 교		
4	일			16	쇠 금/성 김		
5	학			17	계집 녀		
6	교			18	동녘 동		
7	팔			19	불 화		
8	십			20	한국/나라 한		
9	오			21	남녘 남		
10	국			22	흙 토		
11	민			23	긴 장		
12	만			24	⑦		

감독위원	채점위원(1)		채점위원(2)		채점위원(3)	
(서명)	(득점)	(서명)	(득점)	(서명)	(득점)	(서명)

※ 본 답안지는 컴퓨터로 처리되므로 구겨지거나 더렵혀지지 않도록 조심하시고 글씨를 칸 안에 또박또박 쓰십시오.

제2회 전국한자능력검정시험 8급 실전문제 답안지(2)

번호	정답	1검	2검	번호	정답	1검	2검
25	④			38	②		
26	④			39	④		
27	⑨			40	①		
28	⑥			41	⑤		
29	⑦			42	①		
30	②			43	⑦		
31	①			44	⑧		
32	⑤			45	⑩		
33	③			46	⑥		
34	⑩			47	①		
35	⑧			48	③		
36	⑤			49	④		
37	③			50	⑦		

十中八九

십중팔구

열 가운데 여덟이나 아홉 정도로
거의 대부분이거나 거의 틀림없음

저자 남기탁(南基卓)

약력 한국어문교육연구회 편찬위원장

사단법인 한국어문회 이사

한국한자능력검정회 회장

강원대학교 인문대학 국어국문학과 교수

한자능력검정시험 8급

초판 발행 2004년 3월 20일

19판 발행 2025년 4월 10일

발행인 한국어문교육연구회

발행처 한국어문교육연구회

주소 서울시 서초구 사임당로 64, 401호(서초동, 교대벤처타워)

전화 1566-1400

등록번호 제22-1555호

ISBN 979-11-91238-74-7   13700

정가 17,000원

공급처   푸른하늘    T.02-332-1275, 1276 | F.02-332-1274
www.skymiru.co.kr